LA RÉPUBLIQUE
DE PLATON

SEPTIÈME LIVRE.

NOUVELLE TRADUCTION FRANÇAISE

PRÉCÉDÉE D'UNE INTRODUCTION ET D'UNE ANALYSE
ET ACCOMPAGNÉE D'APPRÉCIATIONS PHILOSOPHIQUES

Par L. CARRAU

PROFESSEUR DE PHILOSOPHIE
A LA FACULTÉ DES LETTRES DE BESANÇON.

DEUXIÈME ÉDITION
Revue et corrigée.

PARIS.
IMPRIMERIE ET LIBRAIRIE CLASSIQUES
De JULES DELALAIN et FILS
RUE DES ÉCOLES, VIS-A-VIS DE LA SORBONNE.

LA RÉPUBLIQUE
DE PLATON

SEPTIÈME LIVRE.

NOUVELLE TRADUCTION FRANÇAISE

PRÉCÉDÉE D'UNE INTRODUCTION ET D'UNE ANALYSE
ET ACCOMPAGNÉE D'APPRÉCIATIONS PHILOSOPHIQUES

Par L. CARRAU

PROFESSEUR DE PHILOSOPHIE
A LA FACULTÉ DES LETTRES DE BESANÇON.

PARIS.

IMPRIMERIE ET LIBRAIRIE CLASSIQUES

De JULES DELALAIN et FILS

RUE DES ÉCOLES, VIS-A-VIS DE LA SORBONNE.

Les contrefacteurs ou débitants de contrefaçons seront poursuivis conformément aux lois; tous les exemplaires sont revêtus de notre griffe.

Jules Delalain et fils

1876.

INTRODUCTION.

I. *Notice sur la vie et les œuvres de Platon.*

Platon naquit à Athènes ou à Égine, l'an 430 avant J. C.; il mourut en 347. L'époque où il vécut fut politiquement la plus malheureuse de l'histoire grecque : c'est le temps de la guerre du Péloponèse, des sanglantes rivalités d'Athènes, de Sparte, de Thèbes et de la Macédoine. Il est difficile néanmoins de sentir dans l'œuvre de Platon le contre-coup de ces malheurs publics, et peut-être faut-il attribuer en partie au découragement et à la tristesse que lui inspiraient les événements dont il était le témoin cette constante aspiration vers l'idéal qui est le caractère éminent de sa philosophie.

La famille de Platon était une des plus illustres d'Athènes. Son père Ariston descendait de Cadmus, et sa mère Périctioné descendait elle-même d'un frère de Solon. L'enfance du grand philosophe fut, comme celle de tous les hommes illustres de l'antiquité, entourée de légendes : on racontait que des abeilles du mont Hymette avaient déposé leur miel dans sa bouche pendant qu'il était encore au berceau; que la veille du jour où son père le présenta à Socrate, ce philosophe aurait vu un jeune cygne, s'élevant de l'autel consacré à l'Amour, venir se reposer dans son sein et s'envoler ensuite vers les cieux, charmant les dieux et les hommes par la douceur de son chant.

En raison de sa parenté avec les principaux citoyens d'Athènes, Platon eût pu facilement, s'il l'eût voulu, jouer un rôle politique; mais, outre que la faiblesse de sa voix le rendait impropre à haranguer le peuple, la direction de son esprit l'avait porté de bonne heure vers d'autres occupations. Il se donna d'abord tout entier à la poésie; il composa des poëmes épiques, des dithyrambes, et nous avons conservé quelques épigrammes qui lui sont attribuées. On retrouve à chaque pas, dans son œuvre philosophique, les marques de cette prédilection de sa jeunesse. Les *mythes* platoniciens sont souvent de véritables poëmes en prose, et l'imagination qui les a conçus et composés n'avait rien à envier à celle d'un Pindare ou d'un Eschyle.

Nous savons par Aristote qu'avant de connaître Socrate, Platon fréquenta le philosophe Cratyle, qui le mit au courant des théories sensualistes et matérialistes des Ioniens. Diogène Laërce rapporte, d'autre part, qu'il fut initié de bonne heure au panthéisme de Parménide; mais ce fut Socrate qui exerça sur son génie l'influence principale et décisive. Il avait vingt ans quand son père le présenta à ce nouveau maître : dès ce jour, il ne le quitta plus. Lui-même nous a laissé les témoignages les plus touchants de l'affection profonde que Socrate lui inspira : l'*Apologie*, le *Phédon*, le *Criton*, le *Banquet*, sont les monuments immortels de cette tendre et respectueuse amitié. Et ce qu'il y a de plus rare, c'est qu'il n'a pas dépendu de Platon que la postérité ne fît honneur au maître du génie de son disciple : dans presque tous ses dialogues, Platon met dans la bouche de Socrate l'exposition de ses doctrines, cherchant ainsi à dissimuler derrière cette aimable autorité la profondeur et les dimensions imposantes de ses propres conceptions.

Quand Socrate fut accusé, Platon, pénétré de douleur et d'indignation, s'élança à la tribune pour le défendre; il ne se retira que devant les menaces de la foule. Socrate mort, Platon, avec d'autres socratiques, se réfugia à Mégare; puis il alla, dit-on, à Cyrène, et commença une série de voyages dont l'authenticité n'est pas toujours parfaitement établie. Selon la légende, il aurait recueilli auprès des prêtres d'Égypte les antiques et mystérieuses traditions d'une science à laquelle avait déjà puisé Pythagore; il serait ensuite allé en Phénicie, aurait appris des Hébreux la connaissance du vrai Dieu et de la vraie loi, des Babyloniens l'astronomie, des Mages la doctrine de Zoroastre, d'autres choses encore des Assyriens. Ce sont là les exagérations des historiens d'une époque postérieure : le nom de Platon, grandissant à travers les siècles, apparaissait aux écrivains de l'école d'Alexandrie comme le symbole de toute science humaine et divine.

Il est possible, néanmoins, qu'il ait voyagé en Égypte; mais on ne voit pas trop ce qu'il en aurait rapporté : ses écrits font à peine mention des Égyptiens, et il ne paraît pas avoir eu une bien haute idée de leur science. On lui attribue, et avec plus de fondement, d'autres voyages en Italie et en Sicile. En Italie, il visita les pythagoriciens et s'imprégna fortement de leur esprit. Un de ses plus importants dialogues, le *Timée*, est tout pénétré de pythagorisme. Il alla trois fois en Sicile : la première, ce fut pour voir le volcan de l'Etna. Dans ce voyage, il fit la connaissance de Dion de Syracuse et de son beau-frère Denys le Tyran, connu sous le nom de Denys l'Ancien. Sa philosophie fut médiocrement goûtée du tyran, qui l'accusa de radoter; une réponse trop franche faillit lui coûter la vie. Il fut vendu comme esclave : le philosophe Annicéris de Cyrène l'acheta pour vingt mines (à peu près 1,840 francs) et le renvoya généreusement à Athènes, sans vouloir recevoir le prix de sa rançon. Vingt ans plus tard, Platon fit en Sicile un nouveau voyage : il était appelé par son ami Dion de Syracuse pour faire l'éducation du nouveau tyran, Denys le Jeune. Platon semble avoir été ici le jouet de nobles illusions : il crut pouvoir, par son influence personnelle et ses enseignements philosophiques, convertir à la sagesse le maître de Syracuse; il espérait, en formant les mœurs du prince, corriger celles des sujets et réaliser ainsi l'idéal qu'avaient poursuivi les pythagoriciens et qui l'avait séduit lui-même : un gouvernement fondé sur la vertu. Il ne réussit pas : les dispositions vicieuses de Denys furent les plus fortes. Platon, devenu suspect à la cour, dut retourner à Athènes. Il revint une troisième fois en Sicile, mais sans plus de succès; il se brouilla même tout à fait avec Denys. Depuis cette époque, il paraît avoir vécu paisiblement dans son jardin de l'Académie, occupé de l'instruction de ses nombreux disciples et de la composition de ses ouvrages.

Il mourut à quatre-vingt-deux ans. Ses dernières années furent assombries par le spectacle de la décadence croissante de sa patrie. Bien qu'il soit difficile en général de surprendre dans l'œuvre de Platon l'influence des événements contemporains, il est permis de croire que le pressentiment de la ruine vers laquelle les excès d'une démagogie sans frein entraînaient la malheureuse Athènes ne fut pas étranger à la conception de cette république idéale, où le pouvoir appartient aux meilleurs, et qui trouve dans la pratique de la justice le secret d'une inaltérable félicité.

II. *Analyse des six premiers livres de la* République[1].

Le dialogue de la *République* se compose de dix livres; c'est peut-être l'œuvre la plus considérable de Platon, et l'on y trouve comme en abrégé toute sa philosophie. On s'est parfois demandé quel est le véritable objet de ce dialogue. S'agit-il simplement, comme semble l'indiquer la discussion qui remplit les deux premiers livres, de déterminer la nature du juste? ou bien Platon s'est-il proposé de tracer le plan d'une cité parfaite, difficile sans doute, mais non impossible à réaliser ici-bas? Nous croyons que ces deux sujets, différents en apparence, n'en font réellement qu'un. C'est sur la justice que le dialogue roule tout entier; seulement, pour Platon, c'est la même justice qui doit servir de règle à l'individu et à l'État; la morale et la politique sont au fond même chose. Et pourquoi? C'est qu'il est impossible que le bien véritable des individus qui composent l'association soit en contradiction avec le bien véritable de l'association tout entière. Si le bien de l'homme, c'est la justice, le bien de la société doit être également la justice. Si, moralement, l'homme ne peut vivre sans être juste, il s'ensuit que la société d'où serait bannie toute justice s'anéantirait à l'instant. Qu'est-ce maintenant que cette justice, condition essentielle d'existence et de bonheur pour l'individu comme pour l'État? C'est ce qu'une rapide analyse du dialogue va nous apprendre.

Les interlocuteurs du dialogue sont *Socrate*, le vieux *Céphale*, de Syracuse, *Polémarque*, fils de Céphale, *Glaucon* et *Adimante*, fils d'Ariston et frères de Platon, *Clitophon*, et

1. Nous conservons le mot *République*, parce qu'il est consacré par la tradition. Le sens véritable du grec Πολιτεία, c'est l'*État*.

enfin le sophiste *Thrasymaque*. La scène se passe au Pirée, dans la maison de Céphale, pendant la fête des Bendidies[1]. C'est dans la bouche de Socrate que Platon met le récit.

Livre premier.— Socrate et Glaucon revenaient du Pirée, où ils avaient assisté aux fêtes de la déesse, et se préparaient à retourner à Athènes. Polémarque les aborde et les décide à entrer dans sa maison avec plusieurs amis. Socrate engage alors la conversation avec le vieux Céphale, père de Polémarque, sur les avantages et les inconvénients de la vieillesse. Céphale défend la vieillesse des accusations dont elle est ordinairement l'objet. Elle est supportable et douce, si l'on peut se rendre témoignage qu'on n'a commis d'injustice envers personne. Mais qu'est-ce que la justice? Telle est la question qui se pose, et dont l'examen va remplir le dialogue tout entier.

Socrate discute et rejette successivement plusieurs définitions de la justice. Il montre qu'elle ne consiste pas à rendre à chacun ce qu'on en a reçu; ni à faire du bien à ses amis, du mal à ses ennemis; elle n'est pas davantage ce qui est avantageux au plus fort, comme le soutient le sophiste Thrasymaque. Est-il vrai de dire, avec le même Thrasymaque, que l'homme injuste est plus heureux que l'homme juste? Non : car la justice est sagesse et vertu; l'injustice, ignorance et vice. Dans toute association, l'injustice est la source des séditions, des haines, des combats. Dans un seul homme, elle produit les mêmes effets, elle le met en opposition avec lui-même. Divisés, l'État et l'individu où se trouve l'injustice sont nécessairement impuissants et malheureux. D'où cette conclusion rigoureuse que la justice est plus avantageuse que l'injustice.

Livre deuxième.—La discussion précédente n'était qu'un prélude; il s'agit maintenant de déterminer avec précision la nature de la justice et de l'injustice, son contraire, et

1. Les *Bendidies* étaient une fête en l'honneur de la Diane de Thrace, qu'on appelait *Bendis*, et qui avait un autel au Pirée.

quels effets l'une et l'autre produisent immédiatement dans l'âme.

Selon l'opinion vulgaire, la justice est un bien pénible, quoique utile; il faut la rechercher, non pour elle-même, mais pour les avantages qu'elle procure. Elle est une invention des plus faibles, qui, ne pouvant se défendre contre les attaques des plus forts, établirent, dans l'intérêt commun, l'obligation de ne pas faire de tort à autrui, pour n'en pas souffrir soi-même. Dans l'ordre de la nature, le plus grand bien c'est de commettre l'injustice impunément; et l'homme qui aurait la certitude d'échapper à toute punition ne serait pas assez fou pour obéir à la loi. Donnez au juste l'anneau mystérieux de Gygès, qui rendait invisible: il ne se fera aucun scrupule de satisfaire, même par le crime, toutes ses passions. On n'est donc juste que par nécessité[1].

Supposons l'homme juste et l'homme injuste parfaits, chacun dans son genre. Que l'homme injuste soit assez habile pour se donner pendant toute sa vie les apparences de la justice : ses forfaits restent ignorés; tout semble lui réussir; il est comblé d'honneurs et de richesses; l'estime publique l'entoure jusqu'à sa mort : selon le vulgaire, il est heureux. Mais qu'un juste soit calomnié, couvert d'infamie; qu'il passe pour le plus scélérat des hommes : on le torture, on lui brûle les yeux, on le met en croix : est-il heureux? Et ne faut-il pas conclure d'un tel parallèle qu'il importe moins d'être juste que de le paraître?

On vante la justice pour les biens qu'elle procure : bonne renommée, alliances avantageuses, protection des dieux. Il suffit donc de tromper les hommes et de passer pour juste. — Mais, dira-t-on, on ne trompe pas les dieux. — On peut du moins les apaiser par des sacrifices, des expiations. Pour faire un digne éloge de la justice, il faut donc la considérer, non dans ses conséquences et ses effets, mais en elle-même, et montrer que, par nature et par essence, elle est un bien, et l'injustice un mal en soi. Pour rendre plus facile cette recherche, Socrate propose à ses

1. Cette immorale doctrine était en général celle des sophistes. Calliclès la développe longuement dans le dialogue du *Gorgias*.

auditeurs un expédient : « Si l'on donnait à lire de loin à des personnes qui ont la vue basse des lettres en petit caractère, et qu'elles apprissent que ces mêmes lettres se trouvent écrites ailleurs en gros caractère, il leur serait sans doute avantageux d'aller lire d'abord les grandes lettres et de les confronter ensuite avec les petites pour voir si ce sont les mêmes. — Cela est vrai, reprit Adimante. Mais quel rapport cela a-t-il avec la question présente? — Je vais te le dire. La justice ne se rencontre-t-elle pas dans un homme et dans une société d'hommes? — Oui. — Mais la société est plus grande que le particulier. — Sans doute. — Par conséquent, la justice pourrait bien s'y trouver en caractères plus grands et plus aisés à discerner. Ainsi nous chercherons d'abord, si tu le trouves bon, quelle est la nature de la justice dans les sociétés; nous l'étudierons ensuite en chaque particulier; et, comparant ces deux espèces de justice, nous verrons la ressemblance de la petite à la grande. — C'est fort bien dit. — Mais, si nous examinions par la pensée la manière dont se forme un État, peut-être découvririons-nous comment la justice et l'injustice y prennent naissance. — Cela pourrait être. » Telle est la transition qui conduit Platon à exposer l'origine et les conditions d'existence de l'État.

L'État doit sa naissance aux besoins qui rendent nécessaires à l'homme les services de ses semblables. Cet échange de services est le principe, en même temps que le but, de toute association; mais il n'est efficace que si chacun remplit dans l'État une fonction déterminée : sans la division du travail, tout développement social serait impossible. Quand l'État a grandi, il est exposé à des conflits avec ses voisins : de là, la nécessité d'avoir des soldats pour l'attaque ou pour la défense. Le métier de la guerre exige un long apprentissage; il faut y consacrer la plus grande partie de sa vie. Les guerriers devront donc former dans l'État une classe distincte et recevoir une éducation spéciale.

Cette éducation comprend la *gymnastique* et la *musique*[1]. La gymnastique développe le corps; la musique forme l'âme. A la musique appartiennent les discours : les uns

1. Le mot μουσική, *musique*, a, en grec, un sens très-étendu. Il désigne les beaux-arts, en général, et comprend l'éloquence et la poésie.

sont vrais, les autres mensongers; ce sont les fables. On doit bannir de l'éducation la plupart des fables des poëtes, parce qu'elles donnent aux jeunes gens des idées fausses et malséantes sur les héros et sur les dieux.

Livre troisième. — On doit de même préserver les jeunes gens des récits capables d'amollir leur courage et d'égarer leur conscience. On ne mettra pas sous leurs yeux le spectacle dégradant de héros qui s'abandonnent à d'indignes lamentations ou à des passions qu'ils ne peuvent maîtriser. Quant à la forme même du discours, le législateur n'admettra pas ce genre de poésie qui prend tour à tour les tons les plus variés et fait parler différents personnages chacun selon son caractère. Il bannira de la république le poëte habile en ces sortes de prestiges, après avoir répandu des parfums sur sa tête et l'avoir couronné de bandelettes. Ce qu'il faut pour les jeunes guerriers, c'est un poëte dont le ton imite le langage de la vertu.

De même, pour le chant et la mélodie, on devra proscrire les rhythmes mous, efféminés, plaintifs, des modes ioniens et lydiens. Les sculpteurs, les peintres, seront également tenus de ne représenter jamais que de nobles images, « afin que, semblables aux habitants d'un pays sain, les jeunes guerriers ressentent de toutes parts une influence salutaire, recevant sans cesse, en quelque sorte par les yeux et les oreilles, l'impression des beaux ouvrages, comme un air pur qui leur apporte la santé d'une heureuse contrée et les dispose insensiblement, dès leur enfance, à aimer et à imiter le beau et à mettre entre eux et lui un parfait accord. »

Viennent ensuite la gymnastique et la médecine, qui devront être simples comme la musique. Peu de remèdes sont nécessaires à des hommes dont le corps est sain. On laissera périr ceux qui sont naturellement infirmes. De même, dans une république bien réglée, on n'aura pas besoin d'avoir souvent recours au juge : les criminels incorrigibles devront être mis à mort.

La musique et la gymnastique doivent se tempérer l'une par l'autre : celui qui se livre tout entier à la musique risque de devenir efféminé; celui qui ne cultive que la gymnastique prend un caractère farouche et intraitable.

L'âme que forme cette double et salutaire influence est à la fois courageuse et modérée.

Il s'agit maintenant de choisir les chefs de l'État parmi les guerriers les plus âgés; on choisira ceux qui ont montré le plus d'amour pour le bien public. Ils formeront la classe des magistrats[1]. Les jeunes gens instruits par la gymnastique et la musique leur obéiront et, sous leur direction, ils seront les défenseurs de l'État. Ces défenseurs ne posséderont rien en propre, ni maison, ni or, ni argent. Cette subordination nécessaire des guerriers aux magistrats, et des artisans aux deux autres classes, la nature même l'établit. Elle mêle un métal précieux ou vil, l'or, l'argent, le fer et l'airain, dans la composition de chaque âme. Ceux dont l'âme est d'or doivent commander: ce sont les magistrats. Il est de la dernière importance que chacun reste à la place que lui assigne le métal de son âme. Les castes, d'ailleurs, ne sont pas fermées: une âme d'or ou d'argent peut naître d'un artisan; un magistrat ou un guerrier peut engendrer un fils dont l'âme soit de fer ou d'airain. C'est aux magistrats à discerner le métal et à replacer chacun au rang qui lui convient. « La République périra lorsqu'elle sera gouvernée par le fer ou par l'airain. »

Livre quatrième. — Il est nécessaire de maintenir les citoyens dans une situation intermédiaire entre la richesse et la pauvreté. Tout État où se trouvent en présence des riches et des pauvres est divisé; à proprement parler, il n'est pas *un*, mais *plusieurs*. Ce danger n'existe pas dans notre République; elle est *une*: or l'unité est la condition essentielle d'existence d'un État.

L'éducation des enfants a une importance capitale. Les magistrats devront veiller à ce qu'elle se maintienne pure et s'opposer à toute innovation dans la gymnastique et la musique. « On ne peut toucher à la musique sans ébranler les lois fondamentales du gouvernement. »

Il s'agit maintenant de découvrir la *justice* dans l'État ainsi constitué. S'il est parfait, il doit posséder toutes les

1. Il faut entendre par ce mot les hommes chargés du gouvernement de la cité.

vertus : nous trouvons la prudence chez les magistrats, le courage chez les guerriers, la tempérance chez les artisans et les classes inférieures, qui acceptent volontiers la suprématie des meilleurs.

Quant à la justice, elle est le principe des trois vertus précédentes, la *prudence*, le *courage*, la *tempérance;* c'est elle qui maintient chacun dans les limites et les fonctions que la nature lui a assignées.

La justice n'est pas autre dans l'individu que dans l'État. L'âme a trois *parties* ou *facultés :* la *raison* (νοῦς), qui est dans l'homme ce que les magistrats sont dans la cité : à elle appartient le gouvernement; sa vertu propre est la sagesse; la *passion généreuse* (θυμός), dont le zèle est le même que celui des guerriers et qui doit obéir à la magistrature de la raison : la vertu du θυμός c'est le *courage.* Enfin, la *partie inférieure de la sensibilité* (ἐπιθυμητικόν) occupe dans l'âme la même place que les artisans dans notre république; elle doit être soumise par le *courage* aux prescriptions de la raison et réglée par la vertu de la tempérance. L'âme juste est celle où chacune de ces facultés remplit la fonction qui lui est assignée par la nature; l'âme injuste est celle où la passion se révolte contre l'empire de la raison et prétend régner en maîtresse. La justice est donc l'harmonie résultant de la subordination naturelle des parties qui composent l'âme ou l'État.

Livre cinquième. — Dans ce livre se trouvent développées les idées fausses et contraires à la morale qui déparent le chef-d'œuvre que nous analysons. En vertu de ce principe que la nature de la femme est identique à celle de l'homme, Platon exprime le vœu que dans sa République la même éducation soit donnée aux deux sexes; les femmes iront à la guerre comme les hommes. Il y a plus : il croit assurer l'unité de l'État et fortifier le patriotisme en abolissant la famille, au moins dans la classe des guerriers, et en décidant que les enfants ignoreront leurs parents, les parents leurs enfants[1].

1. On ne saurait trop déplorer que le génie de Platon se soit laissé séduire par de telles utopies. Platon s'imagine que s'il était possible de détruire dans le cœur de l'homme les affections domestiques, on fortifierait d'autant l'amour de la

Mieux inspiré, il interdit aux citoyens de faire des esclaves parmi les Grecs, car les Grecs sont naturellement amis et alliés entre eux.

Ici, une nouvelle et grave question se présente : la cité dont nous avons tracé le plan, et qui renferme, avec la justice, toutes les vertus, est-elle possible?

Le seul remède aux maux des États et du genre humain tout entier, c'est que les philosophes soient rois ou que les rois soient philosophes. Mais quels sont ceux qui méritent proprement le nom de philosophes?

Le vrai philosophe est celui qui aime la sagesse tout entière et non pas seulement une partie de la sagesse. Nous ne donnerons donc pas ce titre à ceux qu'un goût frivole attire sans cesse vers de nouveaux objets et qui se contentent des images du beau sans souci de la beauté elle-même, et dont la curiosité est toute dans les yeux et dans les oreilles. Le vrai philosophe aime à contempler la vérité; il s'attache à la beauté, à la justice absolues, sans les confondre avec les ombres que les choses sensibles nous en présentent : seul il atteint la réalité et possède la connaissance, tandis que les autres se repaissent d'apparences, sont les jouets de vains rêves et n'ont que l'opinion.

La science se rapporte à l'être, l'ignorance au non-être; l'opinion, qui tient le milieu entre la science et l'ignorance, a pour objet l'apparence, chose intermédiaire entre l'être et le non-être. Nous appellerons donc *philodoxes*, amis de l'opinion, ces hommes « qui voient la multitude des choses belles, mais ne peuvent souffrir qu'on leur parle du beau absolu comme d'une chose réelle; » et *philosophes*, amis de la sagesse, « ceux-là seuls qui s'attachent à la contemplation des choses unes, simples et immuables. »

patrie. C'est une erreur grossière. L'homme aime sa patrie parce qu'elle est à ses yeux comme une extension de la famille; l'un de ces sentiments est la condition de l'autre. C'est à l'école des vertus domestiques que se forme le bon citoyen.

Livre sixième. — Les vrais philosophes, possédant seuls la connaissance des principes, doivent seuls recevoir la direction de l'État. Suit l'énumération des vertus qui distinguent le philosophe.

Son amour exclusif de la science lui inspire le mépris des plaisirs sensuels. Il n'a nul souci des richesses et ne craint pas la mort. Il est plein de douceur et d'équité; son esprit est ami de la grâce et de la mesure.

Le vulgaire reproche au philosophe d'être bizarre et inutile dans l'État. Mais les matelots turbulents qui se disputent le gouvernement d'un navire traiteront d'inutile le vrai pilote absorbé dans la contemplation des astres; ils n'estimeront que celui qui flatte leurs désirs ambitieux. De même, on méprise le philosophe parce qu'il dédaigne l'art de plaire à la foule et qu'il s'abstient de solliciter le pouvoir : et pourtant, c'est au malade de recourir au médecin, c'est aux matelots à prier le pilote de leur donner ses ordres.

Les faux philosophes contribuent encore à discréditer les vrais. Des jeunes gens bien doués, et qui semblent, par leur heureux naturel, appelés à devenir les plus fermes soutiens de la philosophie, se laissent corrompre par les passions et les préjugés de la foule et se mettent par ambition à flatter les appétits de cet « animal grand et robuste » qui est le peuple. Le philosophe se tient alors à l'écart, trop heureux d'échapper à la rage des bêtes féroces qui l'entourent, de passer ses jours dans l'innocence et de sortir de cette vie avec une conscience tranquille et remplie de belles espérances.

Que des circonstances extraordinaires portent un jour un vrai sage au gouvernement, et il n'aura pas de peine à dissiper les préjugés du vulgaire à l'endroit de la philosophie : « Des cœurs exempts de fiel et d'envie pourraient-ils s'emporter contre qui ne s'emporte pas et vouloir du mal à qui n'en veut à personne? »

Mais comment s'y prendrait ce sage pour tracer le plan d'une République telle que celle dont le modèle a été esquissé aux livres précédents? Il regarderait l'État et l'âme de chaque citoyen comme une toile qu'il faut commencer par rendre nette; puis il travaillerait sur cette toile en jetant les yeux tantôt sur l'essence de la justice, de la beauté, de la tempérance et des autres vertus, tantôt sur ce que l'homme peut comporter de cet idéal, et il formerait ainsi des âmes aussi rapprochées que possible de la perfection.

Maintenant, comment se formeront eux-mêmes les magistrats destinés à maintenir dans leur intégrité les institutions de la République?

Le magistrat doit avoir fait une étude approfondie de l'idée du bien. Mais qu'est-ce que le bien? Il est impossible de le connaître tel qu'il est en lui-même, mais on peut en comprendre imparfaitement la nature par une comparaison.

Dans le monde sensible, c'est la lumière qui fait percevoir les objets à la vue, et la cause de la lumière c'est le soleil. L'œil possède la puissance de voir[1], qui a quelque analogie avec le soleil et qui vient de lui, et il voit le soleil lui-même. Pareillement, il y a comme un soleil intelligible qui est l'idée du bien. Ce soleil rend visible à l'intelligence les objets intelligibles qu'il éclaire, le bien en soi, le juste en soi, la science, la vérité. Et l'œil de l'âme reçoit de ce soleil la faculté de voir les êtres intelligibles, c'est-à-dire l'intelligence.

L'idée du bien, qui éclaire les objets de la connaissance et les rend perceptibles à l'œil de l'âme, est au-dessus de la science et de la vérité puisqu'elle en est le principe; comme le soleil, dans le monde sensible, est supérieur à la lumière qui émane de lui.

De plus, le soleil n'éclaire pas seulement les objets; il leur communique la puissance et la vie : ainsi les êtres intelligibles « ne tiennent pas seulement du bien leur intelligibilité, mais encore leur être et leur essence, quoique le bien lui-même ne soit point essence, mais quelque chose de bien au-dessus de l'essence en dignité et en puissance. »

Le bien et le soleil sont deux rois, l'un du monde intelligible, l'autre du monde visible. Figurons-nous une ligne divisée en deux parties inégales : l'une correspond au

1. Selon Platon, l'œil renferme une sorte de fluide analogue à la lumière extérieure. Ce fluide, s'écoulant de l'organe, va pour ainsi dire au-devant des rayons lumineux, et cette rencontre produit le phénomène de la vision. Cette théorie est exposée dans le dialogue du *Timée*.

monde visible, l'autre au monde intelligible. Divisons encore en deux chacune de ces parties : la première division du monde visible est une partie obscure qui comprend les images des objets sensibles : elles ne sont connues que par *conjecture* (εἰκασία) ; la seconde division est une partie lumineuse et donne les objets que ces images représentent : animaux, plantes, etc. Ce sont proprement les objets de la *foi* (πίστις), supérieure à la conjecture : les deux parties, prises ensemble, forment le domaine de l'*opinion* (δόξα). Quant à la science, elle ne commence qu'avec le monde intelligible, qui se divise, lui aussi, en une section lumineuse et une section obscure. La section obscure renferme les notions abstraites d'où l'esprit tire des conclusions sans remonter jusqu'aux principes absolus qui expliquent ces notions mêmes : c'est la méthode de la géométrie, et la connaissance qu'elle donne est la *connaissance raisonnée* ou *discursive* (διάνοια). La section lumineuse répond à ces principes éternels, inconditionnels, à ces *idées* qu'atteint directement l'*intelligence pure* (νόησις). Il y a donc quatre degrés dans la connaissance : le plus élevé, c'est l'intelligence pure; le second, la connaissance discursive; le troisième, la foi; le quatrième, la conjecture; et chacune de ces manières de connaître renferme plus ou moins d'évidence, selon que leurs objets participent plus ou moins de la vérité.

III. *Analyse spéciale du septième livre de la* République. *Allégorie de la caverne. Théorie des idées.*

Le *septième livre* s'ouvre par la magnifique allégorie de la caverne. Platon nous représente dans une caverne des prisonniers enchaînés : la lumière leur vient d'un feu allumé derrière eux; leurs regards, tournés vers le fond du souterrain, ne peuvent saisir que des ombres produites par des objets qui passent entre eux et le feu qui les éclaire. Ne pouvant tourner la tête, incapables de percevoir autre chose que ces ombres, ils les prennent pour des objets réels. On délie l'un des captifs, on le force à sortir de la caverne, à monter au grand jour; ébloui d'abord, il ne peut contempler que les images des objets réels, telles qu'elles sont réfléchies par les eaux; plus tard, il parvient à fixer ses yeux sur les objets terrestres eux-mêmes; puis il les élève vers le ciel, mais il ne peut encore supporter l'éclat du soleil pendant le jour; il contemple la lune et les astres pendant la nuit. Ce n'est qu'à la fin qu'il pourra attacher ses regards sur le soleil lui-même. Comprenant alors que le soleil est le roi du monde visible et produit tous les objets qui existent ici-bas, il prendra en pitié ses anciens compagnons de chaînes qui ignorent la vraie lumière, méprisera les honneurs qu'ils se décernent entre eux, et à aucun prix ne consentira à revenir à sa première condition. S'il redescendait dans la caverne et qu'avant qu'il ne se fût habitué de nouveau à l'obscurité, on l'obligeât à discourir et à discuter sur les ombres, il ne pourrait les discerner, les captifs se moqueraient de lui, et ils menaceraient sans doute de mort quiconque voudrait les délivrer à leur tour et les conduire à la lumière (chap. I-II).

L'allégorie de la caverne représente la condition humaine. Le monde visible, c'est la prison souterraine; le captif qui monte vers la région supérieure, c'est l'âme qui s'élève vers le monde intelligible des idées. Au sommet de l'ordre de la connaissance existe l'idée du bien, soleil du monde intelligible, cause de tout ce qui est beau et bon, principe de la vérité et de la raison. Ceux qui se sont élevés jusque-là ne peuvent consentir à redescendre et à s'intéresser de nouveau aux misérables objets qui préoccupent le vulgaire; si on les y oblige, ils paraissent ridicules; ils sont incapables de discuter sur des ombres de justice avec des hommes qui n'ont jamais contemplé, comme eux, la justice elle-même. Leur esprit, ébloui par la lumière intelligible, se trouble quand il lui faut revenir dans la région obscure des opinions (chap. III).

L'âme possède naturellement la faculté de connaître; mais cette faculté doit être dirigée vers son véritable objet. Cet objet, c'est l'être intelligible; ce sont les idées[1]. Pour élever l'âme vers ces régions lumineuses, il faut l'affranchir dès l'enfance, par l'éducation, des instincts grossiers qui, comme autant de poids de plomb, l'attachent aux plaisirs des sens. Mais ceux dont l'âme est ainsi affranchie

1. Voy. plus loin, pages XXIX et suiv., l'exposition spéciale de la *Théorie des idées.*

trouvent dans la contemplation des réalités éternelles et immuables une félicité parfaite : comment les décider à y renoncer pour se mêler au tumulte des affaires humaines et prendre en main le gouvernement de l'État? Il faut faire appel à leur amour du bien public, et leur représenter qu'ils doivent quelque chose à la cité en retour de l'éducation dont elle leur a procuré le bienfait. Ils ne pourront résister à ces représentations, et consentiront à exercer le pouvoir chacun à son tour, pour reprendre ensuite leur vie de bienheureuse contemplation. Ainsi sera assuré le bonheur de la République; car « l'État où ceux qui doivent commander sont le moins empressés à accepter l'autorité sera nécessairement celui où régnera le meilleur gouvernement et la plus parfaite concorde (chap. IV-V).

La philosophie seule, en faisant passer l'âme, du jour crépusculaire où elle se trouve, à la vraie lumière de l'être, peut former les magistrats[1]. Ni la gymnastique, ni la musique, ni les arts mécaniques, n'ont la puissance nécessaire pour produire cette ascension de l'âme; mais l'arithmétique en est capable. Il y a en effet des notions qui, enfermant en elles deux contraires, provoquent l'éveil de l'intelligence et la forcent à réfléchir pour dissiper cette contradiction. Telles sont, entre autres, les notions que fournit la science des nombres. Quand la vue perçoit une certaine unité, cette unité lui apparaît en même temps comme multiple; un objet sensible a toujours des parties, ce qui revient à dire que, pour le sens, il est à la fois *un* et *plusieurs*. De là, pour l'intelligence, la nécessité de renoncer au témoignage des sens, et de chercher par elle-même ce que c'est en soi que l'unité. L'unité qu'elle conçoit est unité pure et, par sa nature, absolument étrangère à la pluralité. L'unité intelligible est donc tout autre que celle que la vue peut saisir; et ainsi l'*arithmétique*, qui s'occupe de la véritable unité et des vrais nombres, est merveilleusement propre à détourner l'âme du monde sensible pour l'élever à la région des essences ou des idées. Elle est la première des sciences préparatoires à la philosophie (chap. VI-VIII).

1. Comme on l'a vu, page XI, il faut entendre par ce mot les hommes chargés du gouvernement de la cité.

La *géométrie plane* est la seconde science que le philosophe doit étudier. D'abord elle est utile à la guerre, comme l'arithmétique; de plus, elle a pour objet, non des opérations et des applications pratiques, ainsi que le pensent ces géomètres vulgaires qui parlent de quarrer, de prolonger, d'ajouter, etc., mais des réalités intelligibles et éternelles. Elle aussi, par conséquent, attire l'âme vers la vérité et porte ses regards vers les choses d'en haut. La *géométrie à trois dimensions,* ou science des solides, vient en troisième lieu. Mais cette science existe à peine, et cette imperfection tient d'abord à la difficulté de telles études, puis au peu d'encouragements qu'elles rencontrent chez les différents États. L'*astronomie* vient en quatrième lieu; mais pour élever véritablement l'âme vers les choses d'en haut, elle ne doit pas s'arrêter à la considération des cieux et des astres visibles, de la lenteur ou de la rapidité de leurs mouvements : quelle que soit la beauté d'un tel spectacle, là n'est pas l'objet propre de l'astronomie. Ce qu'elle doit connaître, ce sont les relations idéales qu'ont entre eux les mouvements des corps célestes; c'est cet ordre, toujours imparfaitement réalisé dans le monde matériel, qu'expriment les *vrais* nombres et les *vraies* figures, et que l'intelligence pure peut seule saisir. Enfin la *musique* est la cinquième science qui ait la vertu de diriger l'âme vers les choses intelligibles. Mais le musicien digne de ce nom ne se borne pas à mesurer les tons et les accords sensibles; il préfère l'autorité de l'intelligence à celle de l'oreille, et recherche, avec la pensée pure, quels nombres sont harmoniques, quels autres ne le sont pas et quelle est la cause de cette différence (chap. IX-XII).

Les cinq sciences qui viennent d'être indiquées, arithmétique, géométrie plane, géométrie à trois dimensions, astronomie, musique, ne sont encore que préparatoires; elles sont le prélude d'un air que la dialectique exécute. Seule la dialectique peut élever la pure intelligence jusqu'au sommet de l'ordre intelligible, jusqu'à la pure essence du bien. L'étude des sciences énumérées plus haut détourne l'œil de l'âme des objets sensibles, qui doivent être comparés aux ombres de la caverne; elle le prépare à la contemplation des idées, que figurent, dans l'allégorie, les objets réels, plantes, animaux, astres, soleil; elle lui en fait apercevoir les images, jusqu'à ce que la dialectique le fixe enfin sur la lumière intelligible de l'idée du bien, principe de toute connaissance et de toute réalité.

Ces études préparatoires ne méritent qu'imparfaitement le nom de science ; la connaissance qu'elles donnent, inférieure à la science, est supérieure à celle de l'opinion : c'est la *connaissance discursive.* Ainsi nous appellerons *science* la première et la plus excellente partie de la connaissance, et *connaissance discursive,* celle qui vient après ; ces deux parties se rapportent à la pensée pure et ont pour objet la réalité intelligible, ce qui est véritablement ; quant à l'*opinion,* qui s'oppose à la pensée pure, elle comprend également deux parties, l'une plus claire, la foi ; l'autre plus obscure, la conjecture : toutes deux s'appliquent au monde sensible, à ce qui devient [1].

Seul, le dialecticien sait rendre raison de l'essence de chaque chose ; seul il est capable de définir rationnelle-

1. On pourrait résumer ainsi la théorie platonicienne des objets et des degrés de la Connaissance (pour donner une idée exacte de la méthode platonicienne, ce tableau doit être lu de bas en haut) :

	Objets de la connaissance.	Nature et degrés de la connaissance.	
Monde intelligible.	Principes inconditionnels, essences éternelles, idées, et au sommet des idées, idée du bien.	4e degré : Intelligence pure (νόησις).	Science (ἐπιστήμη).
	Vérités nécessaires et éternelles, mais dérivées par démonstration des principes inconditionnels.	3e degré : Connaissance discursive (διάνοια).	
Monde sensible.	Objets sensibles, soumis à la condition du changement, de la naissance et de la mort.	2e degré : Foi ou croyance (πίστις).	Opinion (δόξα).
	Images des objets sensibles.	1er degré : Conjecture (εἰκασία).	

ment l'idée du bien; seul, par conséquent, il doit disposer souverainement des plus grands intérêts de l'État (chap. XIII, XIV).

Il reste à savoir quels sont ceux qu'il convient d'initier aux sciences préparatoires et à la dialectique elle-même. Pour de telles études, il faut non-seulement un noble et généreux caractère, mais encore une pénétration naturelle, et une grande facilité à apprendre, une bonne mémoire, une volonté persévérante. Ce sont des âmes boiteuses par rapport à la vérité que celles qui n'ont d'ardeur que pour les exercices du gymnase, ou qui ne s'irritent pas contre elles-mêmes quand elles sont convaincues d'ignorance. La tempérance, la grandeur d'âme, le courage, sont également des conditions essentielles. On ne relèvera la philosophie du discrédit où elle est tombée que si on en interdit l'accès à tous ceux que leurs qualités naturelles ou acquises ne rendent pas dignes de l'aborder. Les études préparatoires à la dialectique devront commencer dès l'enfance : mais on ne contraindra personne. On choisira ceux qui auront montré le plus de courage dans les dangers, le plus d'ardeur pour apprendre; et, à l'âge de vingt ans, on leur présentera dans leur ensemble les sciences qu'ils avaient jusque-là parcourues sans ordre : ces vues générales sont une indispensable préparation à la dialectique, car celui-là seul est dialecticien qui sait se placer au point de vue général. A trente ans, on fera parmi cette élite un nouveau choix ; ceux qui en auront été l'objet recevront de plus grands honneurs, et on s'attachera à discerner ceux qui sans le secours des sens pourront s'élever jusqu'à l'être en soi. Cette épreuve se fait par la dialectique; mais elle exige de grandes précautions. Si l'on applique de trop bonne heure les jeunes gens à la dialectique, ils s'en servent, non pour la recherche de la vérité, mais pour la dispute; réfutant à tort et à travers, réfutés à leur tour, ils finissent par croire qu'il n'y a aucun principe assuré de justice et de vertu. De là le mépris universel dont la philosophie est devenue l'objet. Aussi n'admettrons-nous à cette étude que des esprits sérieux et solides, et seulement à partir de l'âge de trente ans jusqu'à trente-cinq. Alors on les ramènera dans la caverne, c'est-à-dire qu'on les obligera, pendant quinze années, à diriger les affaires militaires, à se mêler à la vie pratique et publique, à acquérir toute l'expérience qu'exige la science du gouvernement. A cinquante ans, l'apprentissage est terminé; et ceux qui auront subi à leur honneur toutes ces épreuves successives seront conduits au terme, et obligés de diriger en haut le regard de l'âme, et de le fixer sur l'être qui éclaire toutes choses, le bien. Maîtres suprêmes de l'État, ils le gouverneront à tour de rôle et le façonneront sur le divin modèle qu'ils contemplent, sur l'idée du bien. Formée par de tels hommes et de telles femmes (car l'éducation philosophique convient également aux deux sexes), la Cité serait vraiment heureuse, et réaliserait parfaitement le plan idéal tracé aux livres précédents. Mais pour l'accomplissement d'une si belle œuvre il faut des hommes nouveaux; on préservera donc les jeunes gens de la contagion des mœurs actuelles, en les envoyant dès l'âge de dix ans à la campagne, loin de leurs parents, et on les élèvera selon les lois qui viennent d'être établies. Cette République n'est donc pas une pure chimère; elle commencera d'exister le jour où notre système d'études sera rigoureusement appliqué (chap. XV-XVIII).

IV. *Analyse des trois derniers livres de la* République.

Livre huitième. — Depuis le milieu du livre V jusqu'à la fin du livre VII, le dialogue a eu pour objet d'établir que les États ne pourront être heureux que s'ils sont gouvernés par des philosophes, puis de déterminer les qualités du vrai philosophe, et l'éducation propre à le former. C'est là une longue digression, après laquelle Platon reprend l'examen de la question principale de tout l'ouvrage.

L'injustice donne-t-elle le bonheur ici-bas? Cette question sera résolue au double point de vue de l'individu et de l'État.

On verra que l'État le plus heureux, parce qu'il renferme la justice, est celui dont le plan a été tracé, et qu'à mesure qu'on s'éloigne de ce modèle l'État devient à la fois plus injuste et plus malheureux. A chacune des formes de gouvernement qui vont être successivement examinées, répond un caractère individuel, une nature d'âme particulière, chez qui l'injustice et le malheur croissent dans la même proportion.

Le gouvernement idéal, fondé sur la justice, est une *aristocratie*. Les meilleurs, c'est-à-dire les philosophes, y exercent l'autorité.

L'aristocratie dégénérée devient la *timocratie*. Le mélange des races d'or, d'argent, d'airain, introduit la confusion dans l'État; chacun n'occupe plus la place que lui assigne la nature; l'harmonie, qui est la justice même, est ainsi détruite. Chez les chefs, ce n'est plus la sagesse, mais le courage, le θυμός, qui domine. La vraie cause du mal, c'est qu'on a négligé la dialectique et la philosophie et attribué plus d'importance à la gymnastique qu'à la musique[1]. L'homme qui répond à ce gouvernement est dur envers ses esclaves, soumis envers ses supérieurs, ambitieux, passionné pour la gymnastique et la guerre, avide de richesses, surtout en vieillissant. Il abandonne l'empire de son âme à cette partie passionnée et courageuse qui tient le milieu entre les désirs inférieurs et la raison.

La timocratie corrompue engendre l'*oligarchie*. L'influence de la richesse croît sans cesse, et bientôt c'est l'argent qui donne toute autorité. Les pauvres n'ont plus aucune part au gouvernement. Il se forme ainsi deux États dans l'État : celui des riches, celui des pauvres; la défiance, la haine, l'envie, les divisent. La pauvreté multiplie les voleurs, les sacriléges, les fripons de toute espèce: frelons à deux pieds, armés de terribles aiguillons.

L'âme oligarchique est tout entière à l'esprit d'avarice, « qu'elle établit son grand roi; » uniquement préoccupée d'amasser, elle est sordide et fait argent de tout.

Une nouvelle décadence transforme l'oligarchie en *démocratie*. Devenus de plus en plus nombreux, les pauvres s'aperçoivent qu'ils sont les plus forts, ils se révoltent, massacrent ou expulsent les riches et se partagent les fonctions publiques.

Dans un pareil État, la licence est extrême; liberté à chacun de faire ce qui lui plaît[2]. Nul respect de l'honnête; il suffit, pour gouverner, d'affecter un zèle ardent pour les intérêts publics.

1. Allusion au gouvernement de Sparte. On a vu plus haut page IX, ce qu'il faut entendre par *musique*.

2. Allusion à la démocratie athénienne.

L'homme démocratique est celui qui s'abandonne à tous ses désirs, quels qu'ils soient, vit au jour le jour, passant de la sobriété à la débauche, de l'activité à la paresse, tantôt philosophe, tantôt homme d'État; aujourd'hui guerrier, demain navigateur et marchand: il n'a d'autres guides que le caprice et la passion.

L'excessive liberté de la démocratie établit entre tous les citoyens cette mauvaise égalité, l'égalité entre des choses inégales, et ce gouvernement, qui semble d'abord si agréable, conduit ainsi peu à peu à la tyrannie. La moindre apparence de contrainte provoque la défiance de la multitude des oisifs et des frelons; craignant toujours le rétablissement de l'oligarchie des riches, ils se choisissent pour chef quelque ambitieux qui a su les séduire en flattant leurs passions. Celui-ci se met en guerre ouverte avec les riches, qui, pour se protéger, complotent sa mort; il en profite pour demander une garde: le voilà parfait tyran. Il fomente des guerres, pour rendre son autorité indispensable; il dépouille, exile, massacre les riches, et, soutenu par de nombreux satellites, il fait peser sur le peuple même qu'il a caressé tout d'abord le joug le plus odieux. Le peuple s'aperçoit enfin qu'il a élevé dans son sein un fils dénaturé et parricide; il veut le chasser; il est trop tard: l'ingrat est maintenant plus fort que son père et ne craint pas de porter la main sur lui.

Livre neuvième. — L'homme tyrannique, qui se forme de l'homme démocratique, nous présente l'image achevée de l'injustice et du malheur. Son âme est la proie de quelque amour honteux et criminel, au service duquel se mettent tous les désirs inférieurs et grossiers, et nul forfait ne lui coûte pour satisfaire son abjecte passion. Un tel homme sera d'autant plus scélérat et malheureux, qu'il sera plus puissant. Devenu en fait tyran de sa patrie, il la livrera aux pires citoyens et la remplira de deuil et de sang. Non-seulement l'État tyrannique gémit dans le plus dur esclavage; le tyran lui-même est esclave autant qu'on peut l'être: il tremble devant les misérables dont il a fait ses satellites et devant les victimes de son despotisme et de ses cruautés; enfermé comme une femme au fond de son palais, il n'ose en sortir par crainte de la mort; il en est

luit à envier la liberté dont jouit le plus vil de ses su-
.s[1].

A l'âme tyrannique, opposons l'âme royale. Celle-ci est
plus heureuse, parce qu'elle est la plus juste ; celle-là est
plus malheureuse, parce qu'elle est la plus injuste et la
lus perverse. Donc la justice est inséparable du bonheur,
l'injustice du malheur.

On peut encore démontrer cette vérité d'une autre ma-
ière. Il y a trois caractères d'homme, selon que domine
lle ou telle partie de l'âme : le philosophe, chez qui la
ison est maîtresse; l'ambitieux, que gouverne le cou-
ge; l'homme avide de gain, qui est esclave de l'avarice.
hacun de ces hommes a ses plaisirs propres; mais le phi-
sophe seul peut décider de la supériorité de certains
laisirs sur certains autres, parce que, seul, il possède le
ugement, la réflexion, la sagesse. Or, le philosophe estime
ar-dessus tous les autres les plaisirs que donne la
agesse, et met au dernier rang les voluptés de l'homme
ensuel et cupide. La vie du sage, conforme à la justice,
st donc en même temps la plus heureuse.

Pour rendre plus sensible encore cette conclusion, re-
arquons que la plupart des plaisirs sont plutôt des ces-
ations de douleur; car ils résultent de la satisfaction
'un besoin qui est une peine. Les aliments qui apaisent
faim du corps tiennent évidemment moins de la vérité
t de l'être que la science, qui rassasie la faim de l'intel-
igence. Or les plaisirs sont vrais et solides en proportion
e la noblesse et de la réalité des objets qui procurent la
atisfaction des besoins. Donc les plaisirs du philosophe
ont supérieurs à ceux de l'homme sensuel, et la condi-
ion de l'homme juste est infiniment plus heureuse que
elle de l'homme injuste.

Est-il vrai maintenant, comme le prétendait Thrasy-
aque, que l'injustice soit avantageuse au parfait scé-
lérat, à la seule condition qu'il passe pour honnête
homme? Figurons-nous l'âme par la triple image d'un
homme, d'un lion et d'un monstre à plusieurs têtes : di-
rons-nous qu'il lui est avantageux de nourrir le lion et

1. On a généralement reconnu dans ce portrait le tyran de
yracuse, Denys l'Ancien.

le monstre en laissant l'homme s'affaiblir et mourir de faim[1]?

D'autre part, dire que la justice est par elle-même utile, c'est dire que l'homme doit fortifier en lui-même cette partie raisonnable que figure la statue d'un homme, et s'appuyant sur le courage du lion, dompter le monstre, empêcher ses têtes de croître, et les maintenir en parfaite intelligence entre elles et avec lui-même.

Donc la justice est utile en soi, quelle que soit d'ailleurs la réputation qui l'accompagne; et si l'on condamne l'insolence, l'humeur irritable, le libertinage, la flatterie, la bassesse, c'est parce que ces vices soumettent à l'empire du lion ou du monstre à plusieurs têtes l'homme qui est en nous.

Il en est de même dans l'État. Rien n'est plus avantageux aux artisans et aux manœuvres que d'obéir à l'homme juste, qui lui-même est gouverné immédiatement par la divinité.

Soutiendra-t-on que l'injustice qui reste cachée et impunie est utile? Mais l'impunité rend le méchant plus méchant encore; la punition, au contraire, apaise la partie animale et rend à l'âme l'harmonie et la santé.

L'homme sage doit donc avoir pour but unique de maintenir l'équilibre de son âme; il ne recherchera les biens du corps, santé, force, beauté, richesse, qu'en vue de rendre son âme meilleure et plus parfaite, et ne consentira à diriger les affaires que dans la république idéale dont le plan a été tracé.

Livre dixième. — Platon revient ici sur ce qu'il a dit au second et au troisième livre relativement aux effets que produisent les fables des poëtes dans l'âme des enfants.

Il y a dans chaque objet trois choses à considérer : l'idée générale, type éternel de tous les êtres particuliers qui portent le même nom; puis l'objet particulier; enfin, l'image de cet objet, qui lui-même n'est qu'une représentation, une imitation de l'idée. Ainsi, on doit distinguer trois lits : le lit idéal : c'est Dieu qui en est l'auteur; le lit particulier et visible, œuvre du menuisier; le lit que repré-

1. L'image de l'homme, c'est la raison (νοῦς); celle du lion, c'est le courage (θυμός); celle du monstre à plusieurs têtes, c'est la passion sensuelle (ἐπιθυμητικόν).

sente le peintre sur un tableau. Cette image, comme toutes celles qui reproduisent non les choses telles qu'elles sont en soi, mais les objets sensibles qui n'existent qu'en apparence, est éloignée de la réalité de trois degrés. Or que font les poëtes, sinon des imitations d'apparences? Ils ignorent les choses en soi, la science, la vertu, et ne présentent que des fantômes de ces réalités, mensongères elles-mêmes, qu'ils observent ici-bas.

La poésie, qui est une imitation pour l'ouïe, est ainsi, comme celle qui est faite pour la vue, éloignée de trois degrés de la réalité. Elle parle aux facultés d'illusion et d'erreur, à l'imagination et aux sens; elle est donc mauvaise en soi, et s'adressant à ce qu'il y a de mauvais en nous, elle ne peut produire que des effets mauvais.

Par la peinture qu'ils nous font des passions, Homère et les autres poëtes réveillent en nous la partie déraisonnable de notre âme. Ils excitent notre sympathie par les gémissements et les lamentations de leurs héros, et affaiblissent ainsi notre courage qui doit se roidir contre les infortunes réelles. La comédie n'est pas moins pernicieuse en excitant le rire; elle compromet dans l'âme l'empire de la raison. Ainsi la poésie imitative, au lieu de dessécher peu à peu les passions, les nourrit et les arrose, et par là nous rend vicieux et malheureux. N'a-t-on pas bien fait de bannir de l'État Homère et les tragiques qui suivent ses traces? On n'admettra en fait de poésie que les hymnes en l'honneur des dieux et les éloges des grands hommes. Recevoir la muse voluptueuse et passionnée, ce serait faire régner dans la République le plaisir et la douleur à la place des lois et de la raison. Or, ni la gloire, ni les richesses, ni les dignités, ni enfin la poésie, ne méritent que nous négligions pour elles la justice et les autres vertus.

Il reste à parler des récompenses qui sont réservées à l'homme juste et vertueux. Ici, Platon établit rapidement l'immortalité de l'âme sur plusieurs preuves qui diffèrent peu de celles qui sont exposées dans le *Phédon*[1]. L'âme

1. Voir pour l'exposition méthodique de ces preuves et les critiques dont elles peuvent être l'objet, notre traduction du *Phédon*, Introduction.

juste peut donc espérer des récompenses, non-seulement en ce monde, mais encore dans l'autre. Même ici-bas, les dieux chérissent et protégent l'homme de bien, et s'il en reçoit quelques maux, c'est en expiation des fautes commises dans une vie passée. Les hommes, quoique sujets à l'erreur, accordent aussi à la vertu l'estime et les honneurs dont elle est digne. Quant aux fourbes et aux scélérats, il leur arrive la même chose qu'à ces athlètes « qui courent fort bien en partant de la barrière, mais qui ne courent plus de même lorsqu'il faut y revenir. Ils s'élancent d'abord avec rapidité; mais sur la fin de la course on se moque d'eux lorsqu'on les voit, les oreilles entre les épaules, se retirer précipitamment sans être couronnés, au lieu que les véritables coureurs arrivent au but, remportent le prix et reçoivent la couronne. »

Mais les récompenses de cette vie ne sont rien auprès de celles qui attendent la vertu dans l'autre. Ici commence ce beau récit que Platon met dans la bouche d'Er, l'Arménien, tué dans une bataille, et, selon la légende, miraculeusement ressuscité. Er raconte ce qu'il a vu dans l'autre monde, le jugement des amis, les supplices des criminels et des tyrans, les merveilleux spectacles qui s'offrent aux âmes vertueuses pendant leurs pérégrinations à travers le ciel, enfin la scène solennelle où chacune fait choix d'une condition avant de reprendre un corps et de recommencer une nouvelle existence ici-bas.

De graves paroles, empreintes d'une religieuse espérance, terminent l'œuvre remarquable que nous venons d'analyser. « Persuadés que l'âme est immortelle et qu'elle est capable par sa nature de tous les biens comme de tous les maux, nous marcherons sans cesse par la route qui conduit en haut, et nous nous attacherons de toutes nos forces à la pratique de la justice et de la sagesse, afin que nous soyons en paix avec nous-mêmes et avec les dieux, et que, durant cette vie terrestre et quand nous aurons remporté le prix destiné à la vertu, comme des athlètes victorieux qu'on mène en triomphe, nous soyons heureux ici-bas et dans ce voyage de mille années que nous venons de raconter. »

V. *Exposition spéciale de la théorie des idées, de la théorie de la connaissance, et de la dialectique.*

Nous n'avons pas la prétention d'exposer ici, même sommairement, la philosophie de Platon ; nous voudrions seulement présenter, dans leurs traits principaux, la théorie des idées, celle de la connaissance et la dialectique, qui font l'objet spécial du septième livre de la *République* et contiennent en abrégé tout le système platonicien.

Théorie des idées. — Au témoignage d'Aristote, Platon suivit dans sa jeunesse les leçons du philosophe Cratyle, disciple d'Héraclite, et lui emprunta ce principe que les objets sensibles sont dans un écoulement perpétuel, et qu'il n'y a pas de science de ces objets. Ce fut, en effet, le point de départ de sa philosophie. Seulement, tandis que pour Héraclite et les Ioniens en général, il n'y a de réel que ce qui tombe sous les sens, une telle réalité pour Platon mérite à peine le nom d'être; c'est une existence bâtarde et trompeuse, quelque chose d'intermédiaire entre ce qui *est* véritablement et ce qui n'existe absolument pas.

Qu'est-ce donc que l'*être,* objet suprême de la philosophie, et quels en sont les caractères?

Les caractères de l'*être* doivent être précisément opposés à ceux des choses sensibles. L'être véritable ne peut donc pas être perçu par les sens : il est purement intelligible. Plus la pensée est dégagée du corps, et plus elle entre en communion intime avec l'être; la sensation égare et trouble l'intelligence; elle est l'inverse de la science. La sagesse, qui est la possession de la vérité absolue, n'est possible qu'après la mort[1].

L'objet de la sensation est variable : l'être véritable est toujours le même; toute chose sensible naît et meurt : l'être véritable est éternel ; les phénomènes du monde extérieur présentent une infinie complexité : l'être véritable est simple, sans mélange, il a toujours la même

1. Voy. *Phédon*, chap. XI et XII, pages 14-16 de notre traduction.

forme ; toutes les parties de l'univers ont entre elles les rapports les plus variés, et se transforment en quelque sorte les unes dans les autres : l'être véritable existe en soi (αὐτὸ καθ' αὑτό) ; il n'a besoin que de lui-même pour être complet. Enfin, tout ce qui est sensible est particulier, individuel ; l'être véritable doit avoir un caractère de généralité, d'universalité.

De là cette première conséquence : l'être véritable, c'est tout ce qui est conçu sous la forme du général, l'*espèce* ou le *genre* (εἶδος) : l'*idée* est l'objet propre de la philosophie (ἰδέα). Il importe de bien préciser le sens de ce mot. Dans notre langue psychologique moderne, on entend par *idée* une modification, un acte de l'esprit. Dans Platon, ce terme a un tout autre sens : il exprime, non pas l'acte de l'esprit qui connaît, mais l'objet même qui est connu ; non pas ce qui est intérieur, mais, en quelque sorte, ce qui est extérieur, tout en étant purement intelligible. Ainsi l'*idée* de l'homme, c'est, pour Platon, le type idéal que reproduisent plus ou moins parfaitement tous les hommes. Pour parler comme les Allemands, l'*idée*, qui pour nous désigne quelque chose de *subjectif*, exprime, dans le langage platonicien, l'*objectif*, le réel, ce qui existe en soi.

Mais, dira-t-on, les notions générales n'existent que dans l'esprit ; elles sont obtenues par le procédé tout logique de l'abstraction : elles ne sont pas substances, elles sont vides de réalité. Sont-ce là les *idées*, l'être véritable de Platon ?

Des textes innombrables ne permettent pas de douter que Platon n'ait considéré comme des *idées* au sens que ce mot reçoit dans son système, de simples conceptions générales et abstraites. Ces conceptions présentent en effet les caractères de l'être véritable que nous venons d'énumérer. Soit l'idée générale d'arbre : l'abstraction qui la conçoit, indépendamment des objets particuliers, ne lui laisse jamais qu'un nombre relativement restreint de déterminations ; quelle que soit l'idée générale, elle est toujours plus simple que l'individu auquel elle s'applique. Je veux bien que ces caractères ne soient pas différents en nature de ceux des êtres particuliers, et qu'ils présentent à l'esprit les mêmes imperfections, les mêmes limites; toujours est-il que la conception générale échappe à la complexité indéfinie de l'objet sensible, et, par là, elle reproduit un des caractères essentiels de l'être, la simplicité.

Les individus d'une même espèce diffèrent : l'idée générale qui les embrasse, toujours semblable à elle-même, établit entre eux un lien de ressemblance, d'identité. Tandis que les individus sont soumis au flux perpétuel des changements extérieurs, la conception générale échappe à ces modifications ; elle a donc quelque chose de la stabilité de l'être véritable. Elle est affranchie des conditions d'existence dans le temps et dans l'espace, et, par là encore, elle imite l'éternité de l'être.

Il y a plus : la multitude des individus est indéfinie ; l'idée générale est *une*. Or, l'unité est à la fois condition d'existence et d'intelligibilité. Toute multiplicité tend par elle-même à s'évanouir dans le non-être, et toute collection, pour être conçue, doit être limitée. L'unité, qui crée pour ainsi dire la pluralité et la rend intelligible en lui imposant la mesure et la limite, est un des caractères de l'idée générale, et voilà pourquoi Platon reconnaît à celle-ci plus de réalité qu'à l'être individuel.

On ne s'étonnera donc pas qu'il soit question quelque part de la « navette en soi, » et dans la *République*, du « lit en soi. » Puisque toute conception générale possède une réalité supérieure à celle des objets qu'elle embrasse, Platon devait être conduit à admettre qu'il y a des *idées* de toutes choses, même des plus viles, comme la boue, et que ces idées ont une réalité intelligible.

Si ce qui fait la réalité de l'idée générale c'est l'unité qu'elle implique, partout où se trouve l'unité, se trouve également l'être. Or, tout nombre suppose l'unité : l'unité et le nombre sont donc, en dernière analyse, les fondements de cette réalité intelligible de toute conception générale.

Qu'on ne s'étonne donc plus de voir Aristote ramener à la doctrine pythagoricienne des nombres la théorie des idées, et faire de l'*unité* et de la *dualité*, principes de tous les nombres, les principes fondamentaux de la métaphysique platonicienne. Il est certain que ces conséquences se trouvent en germe dans les dialogues, et que l'analyse des notions générales, considérées comme supérieures aux individus, conduisait là.

L'opposition que nous avons signalée dès le commencement de ce paragraphe entre les objets sensibles et l'être véritable ne se révèle pas seulement par les caractères contraires du particulier et du général, du multiple et de l'un. Nous devons même reconnaître que les notions générales ne sont, dans la philosophie de Platon, que des formes inférieures, pour ainsi dire, de l'être réel; les êtres mathématiques et géométriques eux-mêmes, malgré leur éternité et leur simplicité, sont encore trop voisins des objets de la sensation. La métaphysique platonicienne ne s'arrête donc pas dans cette région d'abstraction pure, et, poursuivant la recherche de l'être véritable, s'élève à des *idées* d'un autre ordre.

Parmi les caractères que présentent les choses sensibles, il en est qui semblent reproduire, en l'affaiblissant, une perfection que l'intelligence conçoit et contemple avec émotion. A la vue de certains objets, nous disons qu'ils sont beaux; témoins de certaines actions, nous jugeons qu'elles sont justes, qu'elles sont saintes.

Or, cette chose belle, corps vivant ou statue, est par elle-même matérielle et sensible; si vous la mutilez, la beauté disparaît, et cependant la matière de l'objet n'est pas détruite. Donc, la beauté est par elle-même distincte de cette chose que mes sens peuvent saisir; et, de même, la justice, la sainteté, ne sont pas inhérentes à cet acte qui, dans d'autres circonstances, peut devenir indifférent ou mauvais. Or, qui ne voit que ces attributs de beauté, de justice, sont infiniment plus précieux aux yeux de la raison que l'objet passager et fragile, que l'action éphémère qu'ils qualifient? Négligeant donc le sujet, la raison s'attache au mode qu'elle conçoit évidemment comme supérieur en réalité, en perfection.

Non-seulement chaque individu ne reproduit qu'une faible image de cette perfection idéale, mais encore la totalité des individus ne l'épuise pas. Par delà le nombre infini des objets qui sont ou peuvent être beaux, il y a la beauté elle-même, qui n'est ni une belle femme, ni une belle statue, ni la réputation, ni la richesse, ni l'ensemble de toutes ces choses; dont l'essence immuable, absolue, ne souffre aucune des limites, des déterminations particulières que subit tout attribut général dans l'objet sensible. Dispersée dans l'infinité du divers, la beauté tombe pour ainsi dire sous la loi du changement : les choses particulières ne la reflètent qu'autant que le comportent les bornes qui s'imposent à leur existence; cette perfection, mutilée, fragmentaire, mêlée à tout ce non-être qui est proprement l'essence de ce qui est sensible, n'est plus cette beauté véritable que la raison conçoit, que l'amour poursuit et embrasse dans un délicieux ravissement. De même pour la justice, la science, la vérité, toutes ces choses enfin qui impliquent les caractères de l'absolue perfection.

Mais, supérieure à la vérité, à la beauté, à la justice; supérieure à l'essence et à l'être, lumière et principe de toutes les idées, brille aux dernières limites du monde intelligible l'*idée du bien*. Platon n'en parle qu'avec une sorte de frisson religieux. Le *bien*, voilà le nom véritable du Dieu de Platon, voilà le terme où aboutit la pensée dans son ascension vers l'Etre, l'*idée* souveraine, en présence de laquelle toute science s'évanouit dans l'adoration et dans l'extase.

Théorie de la connaissance. — La théorie de la connaissance dans Platon se fonde tout entière sur l'opposition absolue de l'*opinion* et de la *science*, opposition qui correspond exactement à celle du monde sensible et du monde intelligible. L'*opinion* est le partage du vulgaire; la *science* est le privilége du philosophe.

L'*opinion*, c'est la connaissance qui est dans l'esprit l'effet immédiat ou ultérieur de la sensation. Le principe de l'opinion, c'est donc la sensation.

La *sensation* n'est pas plus la science que le sensible n'est l'être véritable. Cette maxime que la sensation est la mesure de la science, était celle des sophistes, et surtout de Protagoras. Platon en fait dans le *Théétète* une réfutation décisive. La sensation est chose mobile et variable; car elle est un rapport entre deux termes qui changent à chaque instant. L'objet sensible est tantôt grand, tantôt petit, tantôt blanc, tantôt noir, tantôt amer, tantôt doux. De plus, les sens ont pour instruments les organes, qui sont des parties du corps : or tous les corps vivants, et le corps humain comme les autres, sont soumis à la loi du changement. Donc les instruments des sens varient, et la sensation, qui résulte de l'impression d'un objet qui change sur un organe qui change également, n'a aucun des caractères de fixité, de permanence, d'éternité, qui sont ceux de la science. Différente chez les différents individus, la sensation est différente chez le même homme aux diverses époques de sa vie : enfant, il perçoit autrement qu'il ne percevra jeune homme, adulte ou vieillard. S'il est malade, ses sensations ne sont plus les mêmes que celles qu'il aurait en bonne santé; et ainsi la science est impossible, car aucun principe supérieur n'existe, dans l'hypothèse de Protagoras, qui permette de décider entre ces sensations variables ou contraires d'un même individu. Il y a plus : l'homme n'est pas le seul être dans la nature qui soit capable de sentir; les animaux aussi ont des sens, et souvent meilleurs, plus pénétrants que les nôtres. Les animaux ont donc aussi la science? un « pourceau, » une « grenouille, » sont donc savants au même titre que Protagoras? La connaissance que donne la sensation n'a donc pas un caractère scientifique, elle n'est qu'une opinion. La sensation peut nous représenter les images des choses sensibles, ou ces choses mêmes; dans le premier cas, c'est l'opinion à son plus bas degré, et Platon l'appelle *conjecture* ou *vraisemblance* (εἰκασία); dans le second, l'opinion est déjà moins éloignée de la science, parce qu'elle porte sur des objets plus réels : c'est la *foi* ou *croyance* (πίστις).

L'opinion est intermédiaire entre l'ignorance et la science; elle peut être vraie ou fausse, mais elle est incapable de rendre raison d'elle-même; aussi est-elle mobile et fuyante tant qu'elle n'est pas enchaînée par les liens de la démonstration, comme ces statues symboliques de Dédale, qui s'échappent si l'on n'a soin de les arrêter.

Dialectique. — Pour s'élever à la science, il faut une méthode, et cette méthode c'est la dialectique. La dialectique, le mot lui-même l'indique (διαλέγομαι, raisonner à travers, parcourir par la pensée), consiste à s'élever des perceptions confuses, multiples, variables, qui frappent les sens, à la connaissance lumineuse et immuable des idées. La dialectique est, dans son essence, la marche ascendante de l'esprit du monde sensible au monde intelligible; elle dégage l'invariable du variable, l'éternel du transitoire, du multiple l'unité, et de l'imparfait le parfait.

Mais avant de faire pénétrer l'âme dans la région lumineuse de la science et de l'être, il faut que la dialectique la débarrasse de tous ces fantômes dont l'a remplie la sensation; il faut qu'elle lui montre l'inconsistance et la vanité des opinions qu'elle a prises jusqu'alors pour la vérité. Aussi la dialectique n'est-elle souvent dans Platon qu'un simple procédé de réfutation, une méthode toute négative, n'aboutissant à aucune conclusion dogmatique. Ce doute qui naît de la destruction des opinions incertaines est le préliminaire obligé de la philosophie et, par la contradiction, il prépare l'esprit à l'enfantement d'une science capable de vivre et de se défendre elle-même.

La science, en effet, a pour caractère éminent de pouvoir rendre raison de ce qu'elle avance, d'unir les opinions entre elles par les liens indissolubles du raisonnement et de la démonstration. Elle a aussi pour objet de déterminer dans le sein du genre les espèces naturelles qu'il enferme et les caractères essentiels qui les différencient les unes des autres. Cette marche de l'esprit, allant ainsi d'un principe à ses conséquences et remontant des conséquences au principe; descendant de l'unité du genre à la pluralité des espèces pour s'élever des espèces au genre, sans jamais omettre aucun intermédiaire naturel, aboutit à une connaissance qui, dans la langue de Platon, s'appelle διάνοια: c'est la *connaissance raisonnée* ou *discursive*. Le modèle de cette sorte de connaissance nous est donné par les sciences exactes, arithmétique et géométrie. De là l'importance que Platon accorde à ces sciences dans l'éducation.

On sait qu'il avait fait mettre sur la porte de son école cette inscription: « Nul n'entre ici s'il n'est géomètre. » — En géométrie, on raisonne sur des figures; mais ces figures ne sont ni particulières ni sensibles; ce sont des figures idéales.

Le cercle et le triangle parfaits, la ligne droite, le point, tels que la géométrie les définit, n'existent pas dans la nature: ce sont de pures conceptions. L'étude de la géométrie est donc une excellente préparation à la philosophie telle que la comprend Platon, car elle habitue l'esprit à se détourner des réalités sensibles et matérielles, à considérer d'autres objets que ceux qui se voient et se touchent. De plus, en géométrie, on ne considère pas de cercle ou de triangle de dimensions particulières et déterminées; mais on considère le cercle ou le triangle en général, et les figures que l'on trace ne sont que des auxiliaires utiles pour l'imagination, sans qu'on puisse les regarder comme l'objet propre et spécial auquel s'applique la démonstration. Enfin, c'est en géométrie que les conséquences s'enchaînent aux principes avec la plus rigoureuse exactitude.

Les sciences abstraites sont donc, selon le mot de Platon, une *purification* pour l'esprit. Elles l'arrachent aux illusions de la sensation; elles l'habituent au commerce des choses invisibles; elles le mettent en face de conceptions purement idéales; elles lui montrent le modèle de la science dans l'enchaînement des déductions. Mais la méthode platonicienne ne s'arrête pas là : elle élève l'esprit encore plus haut.

Tout raisonnement suppose une vérité qui soit en dehors du raisonnement; toute démonstration suppose un principe indémontrable. En effet, si toute vérité devait être démontrée, comme elle ne pourrait l'être qu'au moyen d'une autre plus évidente, et que celle-ci devrait à son tour se rattacher à une évidence supérieure, on remonterait de principe en principe jusqu'à l'infini, et la démonstration ne serait plus possible. Il faut s'arrêter dans cette marche ascendante, il faut que l'esprit se prenne à des notions, principes, axiomes, qui soient antérieurs et supérieurs à toute démonstration.

Cette vue, claire, immédiate, infaillible des vérités suprêmes, c'est ce que Platon appelle νόησις; ce que nous appelons l'intuition de la raison. Jusque-là, l'esprit était en marche; ici, il est en repos; jusque-là, il cherchait; ici, il possède; jusque-là, il n'avait qu'une certitude empruntée et partielle; ici, il contemple en pleine lumière l'absolue vérité. L'intuition de la raison est le dernier degré, le but et le terme de la dialectique tout entière. Elle est l'achèvement, la perfection de la philosophie.

En résumé, quatre degrés dans la connaissance et trois moments dans la dialectique. La sensation ne saisit d'abord que les ombres des choses sensibles : c'est la *conjecture*. La sensation perçoit ensuite non plus des ombres, mais les choses mêmes : arbres, animaux, etc.: c'est la *foi* ou *croyance*. La conjecture et la foi forment l'*opinion* qui a pour objet le monde sensible.

Le passage de la conjecture à la foi est le premier moment de la dialectique. Le second consiste à affranchir l'esprit de l'opinion, à le détourner du monde sensible, pour le faire entrer dans le domaine de l'abstrait, du général : la *science* commence pour lui, mais cette science n'est encore que dérivée et empruntée : c'est la connaissance discursive (διάνοια). Enfin, en dehors et au-dessus de ces enchaînements logiques du raisonnement et de la déduction, existent les principes éternels, les vérités évidentes par elles-mêmes, l'*être* qui *est* véritablement (τὸ ὄντως ὄν), l'*inconditionnel* (τὸ ἀνυπόθετον). Le troisième et dernier moment de la dialectique nous élève jusque-là. La science est alors achevée ; l'esprit manifeste sa plus haute puissance : il contemple face à face et sans intermédiaire le vrai et l'être en soi, le principe de toute vérité et de tout être, le *bien*.

Platon ne distingue pas toujours avec autant de précision que nous venons de le faire les degrés divers de la science et de la dialectique; mais ce qui est fondamental dans sa doctrine, ce qu'il exprime partout avec la plus grande force, c'est l'opposition de l'opinion et de la science, qui correspond exactement à celle du monde sensible, et du monde intelligible, ou des *idées*.

Cette théorie de la science et de la dialectique, Platon la résume admirablement dans l'allégorie de la caverne. La condition des prisonniers vivant au milieu des ombres, c'est celle de l'homme plongé dans l'ignorance et dans la vie sensuelle. Le captif, qu'on entraîne violemment au dehors, et qui, incapable d'abord de soutenir l'éclat du jour, et de fixer ses regards sur les objets eux-mêmes, contemple leurs images, c'est l'âme sortie de l'ignorance, mais n'ayant pas dépassé le plus bas degré de la connaissance, la conjecture (εἰκασία). Le captif attache peu à peu ses yeux sur les objets eux-mêmes, plantes, animaux, etc.: c'est la connaissance déjà plus claire que Platon appelle πίστις (foi ou croyance). Le prisonnier porte alors son regard vers le ciel ; mais il voit d'abord les astres pendant la nuit, ou contemple l'image du soleil réfléchie dans les eaux, jusqu'à ce qu'enfin son œil, accoutumé à la pleine lumière, le contemple en lui-même à sa véritable place. Sans vouloir imposer à l'allégorie une interprétation trop rigoureuse, ne peut-on pas retrouver, dans cette connaissance indirecte des choses éternelles, l'œuvre de la pensée discursive (διάνοια) ; et dans la contemplation du soleil en lui-même, l'intuition rationnelle pure (νόησις)? Les objets successifs auxquels s'attachent les regards du prisonnier répondent ainsi aux quatre sections de cette ligne symbolique, dont il est question à la fin du sixième livre, et qui représentent les deux mondes de la sensation et de la science, avec les divisions propres à chacun [1].

VI. *Appréciation de la théorie platonicienne des idées.*

Une discussion de la Théorie platonicienne des idées exigerait de longs développements. Nous nous bornerons ici à une appréciation aussi courte que possible. Tout d'abord, on ne peut accorder, comme le voudrait Platon, une existence *absolue*, *objective*, à de pures conceptions générales, comme celles de la table, du lit, de l'égalité, du triangle, etc. Sur ce point, la théorie platonicienne est insoutenable. Les notions abstraites n'ont d'existence et de réalité que dans et par l'entendement qui les conçoit. Nous n'allons pas jusqu'à dire, avec les nominalistes du moyen âge, qu'elles soient de purs mots, des émissions de voix (*flatus vocis*); non; il y a de l'être en elles, l'être de l'esprit qui les forme et les pense. L'esprit, sans doute, est une réalité active, vivante, la plus active de toutes celles que nous puissions connaître par expérience, et il met quelque chose de son être et de son activité dans les conceptions qu'il produit. Le mot auquel le nominalisme voudrait réduire l'idée générale n'est rien sans cette idée même qui lui donne un sens et le vivifie. Ainsi les notions abstraites et générales, si elles sont plus que les expressions verbales qui les traduisent, ne sont pourtant rien en dehors de l'esprit. Platon et le réalisme se trompent en les considérant comme des êtres en soi.

1. Voyez la note 2, page 29.

Il n'en est déjà plus de même des idées qui expriment les genres et les espèces naturelles, comme l'idée d'homme, par exemple. Ici, il est évident que l'esprit ne crée pas de toutes pièces la réalité de la notion. Elle lui est imposée en quelque sorte; elle lui vient du dehors; elle représente ou doit représenter les caractères essentiels de toute une classe d'êtres, et ces caractères, nous ne les déterminons pas arbitrairement. Il y a plus, les individus qui les expriment ne les reproduisent jamais qu'imparfaitement; ces caractères éternels, immuables pendant la suite entière des générations, sont comme un modèle qu'imitent de leur mieux les individus changeants et périssables, et ainsi le type spécifique est réellement distinct des êtres auxquels il convient; il plane pour ainsi dire au-dessus d'eux; il est leur raison d'être, le terme de leur évolution éphémère; il est vraiment quelque chose d'intelligible et de divin. Pour le nier, il faudrait, avec les matérialistes contemporains, nier l'immutabilité des espèces, et admettre que par l'action de causes purement naturelles elles puissent se transformer indéfiniment les unes dans les autres; mais la science la plus autorisée a condamné cette doctrine, et il reste vrai que les types spécifiques sont comme les pensées de Dieu traduites dans la nature par les individus.

Si les genres et les espèces naturels nous paraissent avoir dans l'entendement divin une existence objective et absolue, à plus forte raison doit-on en dire autant du beau, du vrai, du juste, en soi. Tous ces objets, dont Platon célèbre la splendeur en termes si magnifiques, sont les manifestations les plus hautes de la souveraine perfection, et comme telles, ils méritent seuls à proprement parler le nom d'êtres. Il ne faut pas oublier, en effet, que pour Platon les *idées* forment une hiérarchie au sommet de laquelle trône inaccessible l'*idée du bien*. Soleil du monde intelligible, le *bien* anime et vivifie toutes les idées; ce qui revient à dire qu'il les fait être, ou, pour parler le langage de la philosophie moderne, qu'il est la substance dont elles sont les attributs et les modes. On ne s'éloignera pas de la pensée de Platon en considérant le *bien* comme Dieu même; les *idées maîtresses du beau, du vrai, du juste*, comme ses principaux attributs; les *types spécifiques des êtres naturels*, comme des modes éternels de son intelligence.

Telle est l'interprétation que nous donnerions volontiers de la Théorie platonicienne des idées. La gloire impérissable de Platon, c'est d'avoir mis en pleine lumière l'existence du divin, d'en avoir déterminé l'essence, les caractères, le rôle dans la nature et la pensée de l'homme; c'est enfin d'avoir donné à la raison son véritable objet en la détournant de la contemplation exclusive des choses sensibles pour la porter vers les réalités immuables et éternelles. Pour les sophistes, la sensation est la mesure de toutes choses; et par là, la science s'abîme dans un scepticisme absolu; pour Platon, « Dieu est la mesure de toutes choses[1], » la cause de toute vérité et de toute existence; et par là, il rattache la philosophie tout entière à son principe le plus solide et le plus élevé. Quand, vingt siècles plus tard, Descartes cherchera à son tour la condition suprême de la certitude, il ne la trouvera, comme Platon, que dans l'idée du Parfait.

1. *Lois*. l. IV.

LA RÉPUBLIQUE

LIVRE VII.

SOCRATE, GLAUCON[1].

I. *Allégorie de la caverne*[2]. *Illusions des prisonniers qui prennent des ombres pour des réalités.*

Socrate. Figure-toi que, relativement à la science et à l'ignorance, la nature humaine soit dans une situation pareille à celle que je vais te représenter. Imagine des hommes dans une caverne souterraine dont l'ouverture, tournée vers la lumière, est aussi large que la caverne tout entière est profonde : depuis leur enfance, ces hommes ont les jambes et le cou attachés par des chaînes qui les empêchent de bouger et de regarder autre chose que ce qu'ils ont en face; ils ne peuvent tourner la tête; la lumière leur vient d'un feu allumé assez loin, en haut et derrière eux. Entre ce feu et les prisonniers il y a un chemin dont le niveau est plus élevé, et le long duquel on a construit un petit mur semblable à ces cloisons que les charlatans dressent devant les spectateurs et par-dessus lesquelles ils montrent leurs merveilles. — *Glaucon*. Je vois tout cela. — *Socrate*. Imagine encore que le long de ce mur passent des hommes portant des objets de toute espèce, qui apparaissent ainsi au-dessus du mur; des statues d'hommes et d'autres animaux, en pierre, en bois, de formes et de fabrication très-diverses, et comme il doit arriver, parmi ces hommes, les uns parlent, les autres se taisent. — *Glaucon*. Étrange tableau, étranges prisonniers!

1. Glaucon est le frère de Platon. Nous avons rappelé dans notre Introduction les circonstances à propos desquelles s'engage le dialogue, et nous avons présenté la courte analyse des neuf autres livres de la *République*.

2. Cette allégorie célèbre exprime la misérable condition des hommes plongés dans les ténèbres de l'ignorance. La philosophie seule peut les délivrer, en les élevant par degrés à la lumière de la vérité. Voy. pour l'interprétation de cette allégorie notre Introduction, page XVII.

— *Socrate.* Nous leur ressemblons. Penses-tu d'abord que dans une telle situation nos captifs verront autre chose d'eux-mêmes et de leurs compagnons que les ombres projetées, grâce à la lueur du feu, sur le côté de la caverne vers lequel sont tournés leurs regards? — *Glaucon.* Non, puisque pendant toute leur vie ils sont contraints de tenir la tête immobile. — *Socrate.* Et quant aux objets que l'on porte, n'est-il pas vrai, de même, qu'ils n'en verront que les ombres?—*Glauçon.* Assurément.—*Socrate.* Et s'ils pouvaient s'entretenir ensemble, ne penses-tu pas qu'ils désigneraient ces ombres qu'ils voient passer comme s'ils étaient convaincus que ce sont les objets eux-mêmes? — *Glaucon.* Nécessairement.—*Socrate.* Et de plus, si la prison avait un écho, toutes les fois qu'un de ceux qui passent viendrait à parler, ne s'imagineraient-ils pas que c'est l'ombre mobile qui parle?—*Glaucon.* Oui, certes.—*Socrate.* Ainsi, nos prisonniers ne prendraient absolument pour vraies que les ombres de ces objets fabriqués.—*Glaucon.* Il n'en peut être autrement.—*Socrate.* Considère maintenant ce que serait pour eux la délivrance, et la guérison de leur erreur, si pareil bonheur pouvait leur arriver; suppose qu'on détache un de ces hommes; qu'on le force de se lever sur-le-champ, de tourner la tête, de marcher, de regarder du côté de la lumière: il ne pourra faire tout cela sans souffrance; l'éblouissement l'empêchera de voir les objets dont il ne contemplait que les ombres. Que penses-tu qu'il répondrait, si quelqu'un venait lui dire qu'auparavant il ne voyait que des fantômes trompeurs; que maintenant plus près de la réalité, et tourné vers des choses plus réelles, il voit plus juste; si enfin, lui montrant chacun des objets qui passent, on l'obligeait, à force de questions, à dire ce que c'est? Ne crois-tu pas que notre homme ne saurait que répondre, et qu'il jugerait que ce qu'il voyait auparavant était plus vrai que ce qu'on lui montre? — *Glaucon.* Certainement.

II. *Suite de l'allégorie. L'un des prisonniers est délivré et traîné de force au grand jour. Impressions qu'il reçoit de la vue des objets et de la lumière.*

Socrate. Et si on le forçait à regarder le feu, ses yeux n'en seraient-ils pas douloureusement affectés? ne les détournerait-il pas pour les reporter sur ces ombres qu'il peut contempler sans souffrance? Ne jugerait-il pas qu'elles sont réellement plus visibles que les objets qu'on lui montre? —*Glaucon*. Oui.— *Socrate*. Et si maintenant on le traîne malgré lui par ce chemin rude et escarpé qui monte vers la lumière du soleil, sans le lâcher avant qu'il ne soit arrivé au grand jour, cette violence ne provoquera-t-elle pas ses plaintes et son indignation? Et l'éclat du soleil éblouissant ses yeux ne le rendra-t-il pas incapable de voir ce que nous appelons, nous autres, des êtres réels? —*Glaucon*. Il ne pourra les voir, du moins, au premier moment. — *Socrate*. Il faudra, n'est-ce pas, que ses yeux s'habituent lentement à contempler les objets de la région supérieure. Ce qu'il verra d'abord plus facilement ce sont les ombres, ensuite les images des hommes et des autres objets qui se reflètent dans les eaux, plus tard ces objets eux-mêmes. De là il pourra tourner ses regards vers les corps célestes et vers le ciel lui-même, et contemplera plus facilement pendant la nuit la lumière de la lune et des étoiles qu'il ne supporterait pendant le jour l'éclat du soleil.— *Glaucon*. Sans aucun doute.—*Socrate*. A la fin, je pense, il sera capable non-seulement de voir le soleil dans les eaux et partout où son image se réfléchit, mais de le contempler lui-même, en lui-même, de le voir tel qu'il est, à sa véritable place. — *Glaucon*. Il en doit être ainsi. — *Socrate*. Après cela, il commencera à raisonner sur la nature du soleil, et comprendra que c'est lui qui fait les saisons et les années, qui gouverne tout dans le monde visible, et produit en quelque sorte tous les objets que les prisonniers voyaient dans la caverne. — *Glaucon*. Il est manifeste qu'il passera par tous ces degrés pour arriver à cette conclusion.—*Socrate*. Eh quoi! se rappelant alors sa première demeure, la science qu'on y pouvait avoir, ses compagnons de chaînes, ne s'estimera-t-il pas heureux de son changement, ne prendra-t-il pas en pitié les autres? Que t'en semble?—*Glaucon*. Cela est certain.—*Socrate*. Et s'il y avait dans la caverne des honneurs, des louanges, des récompenses établies entre les captifs pour celui qui observe avec le plus de pénétration les ombres à leur passage, qui se rappelle le mieux celles qui d'habitude précèdent, celles qui suivent, celles qui vont ensemble, et qui, par cette connaissance, est le plus capable de prévoir l'avenir : crois-tu que notre homme pût désirer encore pareils honneurs et pareille autorité, et porter envie à ceux des prisonniers qui les obtiennent? Ne préférera-t-il pas, cent fois, comme l'Achille d'Homère[1], être un garçon de charrue au service d'un homme pauvre et souffrir tout au monde plutôt que de reprendre ses opinions et son existence d'autrefois? — *Glaucon*. Je crois qu'il préférera tout souffrir plutôt que de retourner vivre dans la caverne. — *Socrate*. Considère encore ceci : si notre homme redescendait s'asseoir à son ancienne place, ses yeux, passant ainsi subitement du grand soleil à l'obscurité, ne seraient-ils pas comme aveuglés?— *Glaucon*. Oui, certes.— *Socrate*. Et s'il lui fallait de nouveau discerner ces ombres et entrer en discussion à leur sujet avec ceux qui n'ont cessé d'être enchaînés, et cela tandis qu'il est encore aveuglé, et que ses yeux ne se sont pas remis, ce qui exige une habitude assez longue à acquérir, ne prêterait-il pas à rire à ses compagnons[2]? Ne diraient-ils pas de lui que, pour être monté là-haut, il a perdu les yeux, que ce n'est pas la peine d'essayer de sortir de la caverne, et que si quelqu'un tente de les délier et de les conduire à la lumière, ils tâcheront de le saisir et de le tuer? — *Glaucon*. Voilà sans doute ce qu'ils diraient.

III. *Explication de l'allégorie de la caverne. Comparaison de l'idée du bien avec le soleil visible.*

Socrate. Eh bien! mon cher Glaucon, telle est de tout point l'image de notre condition, comme nous le disions

1. « J'aimerais mieux, simple garçon de charrue, servir un homme obscur qui ne posséderait qu'un faible bien, que de régner sur toutes ces ombres. » — Paroles par lesquelles Achille, dans l'*Odyssée* (XI, 489), exprime à Ulysse son regret de la vie.

2. La même idée se trouve exprimée d'une manière piquante dans le *Théétète* : « On raconte de Thalès que, tout occupé de l'astronomie et regardant en haut, il tomba dans un puits, et qu'une servante de Thrace, d'un esprit agréable et facétieux, se moqua de lui, disant qu'il voulait savoir ce qui se passait au ciel et qu'il ne voyait pas ce qui était devant lui et à ses pieds. » (*Théétète*, trad. Cousin, t. II, p. 128.)

tout à l'heure. Le monde visible, c'est la prison souterraine; le soleil, c'est le feu dont la lumière éclaire les prisonniers : compare ce captif qui monte vers la région supérieure et en contemple les objets à l'âme qui s'élève vers le monde intelligible, et tu ne te tromperas pas : telle est du moins ma conviction, puisque tu désires la connaître : Dieu sait si elle est vraie. Je crois donc que dans l'ordre de la connaissance existe au sommet l'idée du bien, qu'on n'aperçoit qu'à peine, mais qu'on ne peut apercevoir sans juger qu'elle est en tout et pour tout la cause de ce qui est beau et bon, que dans le monde visible elle a enfanté la lumière et l'astre qui la produit[1]; que dans le monde intelligible, c'est elle-même qui produit la vérité et la raison, et qu'il faut contempler cette idée pour se conduire avec sagesse dans la vie privée et dans la vie publique[2]. —

1. Ce beau passage établit clairement que le Dieu de Platon n'est pas une pure abstraction, comme on l'a cru quelquefois, mais un être réel, une intelligence toute-puissante : Platon semble même ici incliner vers la doctrine de la création.

2. Platon avait déjà éloquemment développé, à la fin du liv. VI de la *République*, cette comparaison entre le soleil et l'idée du bien : « Tiens pour certain que ce qui répand sur les objets la lumière de la vérité, ce qui donne à l'âme qui connaît la faculté de connaître, c'est l'idée du bien. Considère cette idée comme le principe de la science et de la vérité, en tant qu'elles tombent sous la connaissance, et quelque belles que soient la science et la vérité, tu ne te tromperas pas en pensant que l'idée du bien en est distincte et les surpasse en beauté.... Tu penses sans doute, comme moi, que le soleil ne rend pas seulement visibles les choses visibles, mais qu'il leur donne encore la vie, l'accroissement et la nourriture, sans être lui-même la vie.... De même tu peux dire que les êtres intelligibles ne tiennent pas seulement du bien ce qui les rend intelligibles, mais encore leur être et leur essence, quoique le bien ne soit point essence, mais quelque chose fort au-dessus de l'essence en dignité et en puissance.... Conçois donc qu'ils sont deux, le bien et le soleil : l'un est roi du monde intelligible; l'autre, du monde visible..., etc. » (La *République*, l. VI, trad. Cousin, t. X, p. 56-58).—Fénelon a imité cette belle comparaison dans un passage célèbre : « Il y a un soleil des esprits qui les éclaire tous, beaucoup mieux que le soleil visible n'éclaire les corps : ce soleil des esprits nous donne tout ensemble et sa lumière et l'amour de sa lumière

Glaucon. Je pense de même, autant que me le permettent les forces de mon esprit. — *Socrate.* Comprends donc aussi, sans t'en étonner, que ceux qui se sont élevés à ces régions supérieures ne veuillent plus prendre part aux affaires humaines, et que leurs âmes aspirent toujours à vivre en haut : cela est bien naturel, si la condition humaine ressemble à l'image que nous avons tracée tout à l'heure. — *Glaucon.* Très-naturel. — *Socrate.* Trouves-tu étonnant qu'un homme passant des contemplations divines aux misérables objets qui préoccupent l'humanité paraisse gauche et ridicule lorsque, tout ébloui encore, et avant d'avoir pu s'habituer aux ténèbres qui l'entourent, il est forcé, dans les tribunaux[1] ou ailleurs, d'entrer en dispute sur des ombres de justice ou sur les objets qui projettent ces ombres, et de discuter sur l'opinion que se font de ces images des hommes qui n'ont jamais vu la justice elle-même? — *Glaucon.* Il n'y a là rien d'étonnant. — *Socrate.* Un homme raisonnable comprendra que les yeux peuvent être troublés de deux manières et par deux causes différentes : par le passage de la lumière à l'obscurité, et par celui de l'obscurité à la lumière. Il considérera qu'il en est de même pour les âmes, et quand il en verra une troublée et incapable de discerner quelque objet, il n'ira pas en rire sans raison; il examinera si c'est parce qu'elle re-

pour la chercher.... Cette lumière universelle découvre et représente à nos esprits tous les objets; et nous ne pouvons rien juger que par elle, comme nous ne pouvons discerner aucun corps qu'aux rayons du soleil. » (*Traité de l'existence de Dieu,* Ire partie, chap. 2.)

1. Calliclès dit de même à Socrate dans le *Gorgias* : « Ne trouves-tu pas qu'il est honteux pour toi d'être dans l'état où je suis persuadé que tu es, ainsi que tous ceux qui passent leur vie à parcourir la carrière philosophique? Si quelqu'un mettait actuellement la main sur toi ou sur un de ceux qui te ressemblent, et te conduisait en prison, disant que tu lui as fait tort, quoiqu'il n'en soit rien, tu sais que tu serais fort embarrassé de ta personne, que la tête te tournerait et que tu ouvrirais la bouche toute grande, sans savoir que dire. Lorsque tu paraîtrais devant les juges, quelque vil et méprisable que fût ton accusateur, tu serais mis à mort, s'il lui plaisait de demander contre toi cette peine. » (*Gorgias,* trad. Cousin, t. III, p. 298-299.) Voy. aussi le *Théétète,* trad. Cousin, t. II, p. 129.

vient d'un état plus lumineux qu'elle est aveuglée faute d'habitude, ou si c'est parce qu'elle passe de l'ignorance à la lumière qu'elle est comme éblouie : dans le premier cas, il l'estimera heureuse de son embarras et de la vie qu'elle mène; dans le second, il en aura pitié, et s'il veut rire à ses dépens, ces moqueries seront moins ridicules que si elles s'adressaient à l'âme qui revient des lumineuses régions d'en haut. — *Glaucon*. Ce que tu dis est parfaitement juste.

IV. *Éducation des futurs magistrats*[1]. *Nécessité de détacher leur âme des choses sensibles, et de la tourner vers la contemplation des choses intelligibles et des essences.*

Socrate. Si ce que nous disons est vrai, il faut en tirer cette conclusion que l'instruction n'est pas ce que certains prétendent qu'elle est. Ils disent qu'ils peuvent faire entrer dans l'âme la science qui n'y est point, comme on donnerait la vue à des yeux aveugles. — *Glaucon*. C'est là ce qu'ils disent. — *Socrate*. Notre discours montre au contraire qu'il y a dans l'âme de tout homme une faculté de connaître, un organe par lequel chacun apprend; et que, semblable à un œil qui ne pourrait se tourner de l'obscurité vers la lumière qu'avec le corps tout entier[2], de même l'organe de la connaissance doit être détourné avec l'âme tout entière du monde de la génération jusqu'à ce qu'il soit devenu capable de supporter la contemplation de ce qui est véritablement, et de ce qu'il y a de plus lumineux dans l'être; et cela, nous disons que c'est le bien, n'est-ce pas? — *Glaucon*. Oui. — *Socrate*. Il doit donc y avoir un art pour opérer cette évolution, pour indiquer la manière la plus facile et la plus efficace de l'accomplir; cet art ne consiste pas à rendre l'âme capable de voir, elle l'est déjà, mais à la mettre en état de se tourner convenablement vers l'être et de regarder où il faut. — *Glaucon*. Sans doute.

1. Il faut entendre ici par le mot *magistrats* les hommes chargés du gouvernement de la Cité.

2. Platon veut dire que l'opération de l'intelligence ne peut être absolument séparée de celle des autres facultés de l'âme : la sensibilité, par exemple, aime nécessairement la vérité que contemple la raison; en d'autres termes, le vrai philosophe ne l'est pas seulement par l'esprit, mais par le cœur et l'âme tout entière.

— *Socrate*. Ce qu'on appelle les autres vertus de l'âme ressemblent, selon moi, à celles du corps : comme à l'origine elles n'existent pas réellement dans l'âme, elles y sont produites plus tard par l'habitude et l'exercice; mais la science est une vertu qui paraît bien avoir pour objet quelque chose de plus divin; elle ne perd jamais sa force, mais selon la direction qu'elle reçoit, elle devient utile et salutaire, ou inutile et funeste. N'as-tu point observé ces gens qu'on appelle malhonnêtes mais habiles? Comme leur méprisable petite âme a un regard perspicace et pénétrant pour les choses auxquelles elle s'applique! C'est que de telles âmes n'ont pas une vue mauvaise; mais contraintes qu'elles sont d'être au service de la méchanceté, elles sont d'autant plus malfaisantes qu'elles y voient plus clair. — *Glaucon*. Cela est très-vrai. — *Socrate*. Et si dès l'enfance on coupait ces mauvais instincts nés avec le corps, qui, comme des poids de plomb, abaissent l'âme vers les plaisirs sensuels de la table et vers les autres voluptés et délices de même nature, et tournent son regard vers les choses d'en bas; si cette faculté innée de connaître était affranchie et dirigée vers la vérité, elle rendrait les hommes dont nous parlons capables d'apercevoir ces réalités supérieures avec la même pénétration que les objets dont ils sont maintenant préoccupés. — *Glaucon*. Apparemment. — *Socrate*. Eh quoi! n'est-il pas vraisemblable aussi, nécessaire même, comme conséquence de ce qui précède, que les ignorants, les hommes étrangers à la vérité, sont tout aussi incapables de gouverner l'État que ceux à qui on laisse passer tout leur temps dans l'étude : les uns, parce qu'ils n'ont pas dans leur vie un but unique auquel ils rapportent toutes leurs actions, soit privées soit publiques; les autres, parce qu'ils ne se chargeront pas volontiers des affaires, eux qui se croient dès cette vie dans le séjour des îles fortunées. — *Glaucon*. Tu as raison. — *Socrate*. C'est donc notre œuvre à nous, fondateurs de la cité, de contraindre les hommes d'élite à se tourner vers cette science que nous avons déclarée être la plus grande de toutes, à contempler le bien, à gravir cette route dont nous avons parlé et qui conduit vers les régions supérieures, et une fois qu'ils seront parvenus au sommet, et qu'ils auront suffisamment contemplé le bien, nous ne devrons pas leur permettre ce qu'on leur permet aujourd'hui. — *Glaucon.* Quoi? — *Socrate.* De demeurer dans cette région supérieure et de ne pas vouloir redescendre auprès des captifs de la caverne, ni participer à leurs travaux, à leurs honneurs, quelle que soit l'estime qu'on en doive faire. — *Glaucon.* Ainsi, nous serons assez injustes envers eux pour les contraindre à mener une vie plus misérable, quand ils peuvent en avoir une meilleure?

V. *Le législateur peut, dans l'intérêt général, contraindre les philosophes à prendre en main le gouvernement de l'État. Une cité ne peut être bien gouvernée que si le pouvoir est confié à ceux qui ne le recherchent pas.*

Socrate. Tu oublies encore une fois, mon cher, que la loi doit se proposer non pas le bonheur d'une classe de citoyens à l'exclusion des autres, mais le bonheur de la cité tout entière[1], en établissant l'harmonie entre tous par persuasion et par contrainte, en les obligeant à se faire part mutuellement des avantages que chacun peut apporter à la communauté; et quand la loi s'applique à former des sages dans l'État, ce n'est pas pour leur laisser la liberté de se tourner où ils voudront, mais pour les employer à resserrer l'union de l'État. — *Glaucon.* Tu dis vrai; je l'avais oublié. — *Socrate.* Considère encore, mon cher Glaucon, que nous ne serons pas injustes envers les philosophes qui se produiront parmi nous, mais qu'en les forçant à se charger du soin et de la garde des autres citoyens nous aurons de justes motifs à faire valoir auprès d'eux : « Dans les autres cités, leur dirons-nous, les philosophes comme vous n'ont pas tort de se dispenser des travaux de la vie publique, car ils se forment d'eux-mêmes, malgré l'État; et quand on ne doit qu'à soi-même sa naissance et son accroissement, il est juste qu'on ne

1. Principe un peu vague et qui, mal interprété, conduirait à de funestes conséquences. Il est fort difficile de déterminer, dans la plupart des cas, en quoi consiste le bonheur public, et, au nom d'un prétendu intérêt général, on pourrait justifier les plus monstrueuses iniquités.

témoigne de reconnaissance envers personne. Mais vous, nous vous avons formés tout autant pour la cité que pour vous-mêmes, pour être comme les reines et les mères abeilles dans une ruche; nous vous avons donné une éducation meilleure et plus parfaite, et vous avons rendus plus capables de vous occuper à la fois de vous-mêmes et d'autrui. Vous devez donc, chacun pour votre part, consentir à redescendre dans l'habitation commune et vous habituer à contempler les ombres, car, une fois habitués, vous y verrez mille fois mieux que les habitants de ce séjour; vous connaîtrez beaucoup mieux les fantômes et ce qu'ils représentent, parce que vous aurez vu le beau, le juste, le bien véritables. Et ainsi, pour vous comme pour nous, le gouvernement sera une affaire sérieuse et de gens éveillés, et non pas un rêve, ainsi qu'il arrive dans la plupart des États dont les citoyens se battent pour des ombres et se disputent le pouvoir, comme si c'était un grand bien. La vérité là-dessus, la voici : l'État où ceux qui doivent commander sont le moins empressés à accepter l'autorité sera nécessairement celui où régnera le meilleur gouvernement et la plus parfaite concorde; il en sera tout au contraire dans les États dont les principaux citoyens aspirent au pouvoir. — *Glaucon*. Cela est très-vrai. — *Socrate*. Eh bien! crois-tu que ces paroles ne persuaderont pas nos élèves, et qu'ils ne consentiront pas à travailler chacun à son tour à la chose publique, pour aller ensuite passer ensemble la plus grande partie de leur vie dans le séjour de la pure lumière? — *Glaucon*. Ils ne pourront le refuser; car ils sont justes, et nos prescriptions sont justes aussi. Seulement alors chacun d'eux acceptera le pouvoir comme une nécessité, tout au contraire de ceux qui gouvernent dans les autres États. — *Socrate*. Il en est ainsi, mon ami. Là où tu trouveras pour les hommes qui doivent gouverner une condition préférable au pouvoir même, il te sera possible d'établir un bon gouvernement; car ce n'est que dans une pareille cité que commanderont ceux qui sont vraiment riches, non en or, mais en vertu et en sagesse, les seules richesses qui puissent rendre heureux. Mais si les mendiants, les affamés de biens, qui n'en possèdent aucuns, se ruent au pouvoir, dans l'espérance qu'ils pourront se saisir là de ce qui leur manque, aucun bon gouvernement n'est possible, car le pouvoir y devient l'objet d'une compétition acharnée, et cette lutte domestique et intestine finit par perdre et les compétiteurs et l'État tout entier. — *Glaucon.* C'est la vérité même. — *Socrate.* Mais connais-tu, pour inspirer le mépris du pouvoir, quelque autre condition que celle du vrai philosophe? — *Glaucon.* Non, par Jupiter! — *Socrate.* D'autre part, ce sont les hommes qui ne sont pas amoureux du pouvoir qui doivent consentir à l'exercer; autrement, les ambitieux rivaux entreront en lutte. — *Glaucon.* Comment en serait-il autrement? — *Socrate.* Qui donc obligeras-tu de veiller à la garde de l'État, si ce n'est ceux qui sont le mieux instruits dans la science du gouvernement et qui ont des honneurs et une vie préférables aux honneurs et à la vie politiques? — *Glaucon.* Je ne m'adresserai pas à d'autres qu'à ceux-là.

VI. *Théorie des idées*[1]. *Méthode pour tourner l'âme vers les choses intelligibles. — L'arithmétique est la première des sciences qui peuvent conduire à ce résultat.*

Socrate. Veux-tu que nous examinions maintenant de quelle manière nous formerons de pareils hommes, et comment on pourrait les faire passer des ténèbres à la lumière, comme on dit que quelques-uns sont montés des enfers vers les dieux? — *Glaucon.* Oui, sans doute, je le veux bien. — *Socrate.* Ceci n'est pas aussi aisé que de retourner la coquille[2]. Il s'agit d'imprimer à l'âme un

1. La théorie des idées se trouve implicitement contenue dans tous les chapitres qui suivent: car les sciences préparatoires à la dialectique et la dialectique elle-même n'ont d'autre objet que d'élever l'intelligence à la contemplation de ces réalités intelligibles, essences éternelles, que Platon appelle *idées*. Voy. notre Introduction, page XXIX.

2. Allusion à un jeu qu'on appelait ὀστρακίνδα, le jeu de l'écaille. « Deux troupes d'enfants, l'une au couchant, l'autre au levant, se poursuivaient tour à tour, selon qu une écaille, blanche d'un côté et noire de l'autre, pour représenter le jour et la nuit, jetée en l'air, retournait noir ou blanc, ce qui amenait des changements soudains dans la situation des deux partis, qui de fuyards devenaient poursuivants ou de poursuivants fuyards. » (Note de Cousin sur un passage de *Phèdre* où il est question de ce jeu). Ὀστράκου περιστροφή était une

mouvement qui, du jour crépusculaire où elle se trouve, l'élève à la vraie lumière de l'être; et cette ascension, nous l'appellerons la vraie philosophie. — *Glaucon*. Fort bien. — *Socrate*. Il faut donc examiner quelle est, parmi les sciences, celle qui a cette vertu. — *Glaucon*. Sans contredit. — *Socrate*. Quelle peut donc être, ô Glaucon, la science qui élève l'âme de ce qui *devient* vers ce qui *est?* Mais en disant cela je pense à une chose : n'avons-nous pas dit que nos philosophes devaient, pendant leur jeunesse, faire l'apprentissage de la guerre? — *Glaucon*. Oui. — *Socrate*. La science que nous cherchons, outre l'avantage que nous venons d'indiquer, doit donc avoir encore celui-ci. — *Glaucon*. Lequel? — *Socrate*. Celui de ne pas être inutile à des guerriers. — *Glaucon*. Il le faut, sans doute, si cela est possible. — *Socrate*. Nous les avons déjà formés au moyen de la gymnastique et de la musique[1]. — *Glaucon*. Oui. — *Socrate*. Mais la gymnastique a pour objet ce qui naît et périt, puisqu'elle a sous sa juridiction tout ce qui peut augmenter ou diminuer les forces du corps. — *Glaucon*. Apparemment. — *Socrate*. Elle n'est donc pas la science que nous cherchons. — *Glaucon*. Non. — *Socrate*. Ne serait-ce pas la musique, telle que nous l'avons exposée plus haut? — *Glaucon*. Mais la musique n'était, s'il t'en souvient, que le pendant de la gymnastique. Elle instruit les guerriers en réglant leurs habitudes, en communiquant à leurs âmes non pas la science, mais un certain accord par l'effet de l'harmonie, et une heureuse régularité de mouvements par le moyen du rhythme et de la mesure. Elle obtient un résultat analogue par l'emploi des discours, soit vrais, soit fabuleux; mais nous n'avons nullement trouvé en elle cette science que tu cherches, et qui procure à l'âme le bien dont tu parlais. — *Socrate*. Tu me rappelles très-exactement ce que nous avons remarqué; la musique ne contenait réellement rien de tel. Mais, mon cher Glau-

expression proverbiale pour exprimer une chose qui se fait vite et facilement.

1. Ce mot n'a pas pour Platon l'acception restreinte que nous lui donnons. La musique embrasse, pour lui, tous les arts auxquels les Muses président, et par conséquent la poésie. Voy. la *République*, l. II et III; *Phédon*, chap. IX, page 6 de notre traduction.

con, quelle sera donc cette science? Quant aux arts, ils nous ont paru presque tous convenir seulement aux manœuvres et mériter le mépris[1]. — *Glaucon*. Sans doute; et pourtant, si nous écartons la musique, la gymnastique et les arts, quelle autre science nous reste-t-il? — *Socrate*. Eh bien! si hors de là nous ne pouvons plus rien rencontrer, prenons quelqu'une des sciences qui s'étendent à tout en général. — *Glaucon*. Laquelle? — *Socrate*. Cette science qui est si commune, dont se servent tous les arts, toutes les opérations de l'esprit, toutes les sciences, et que tout homme doit nécessairement apprendre avant toutes les autres. — *Glaucon*. Mais laquelle? — *Socrate*. Cette science vulgaire qui apprend à connaître un, deux, trois. Je l'appelle, en général, science des nombres et du calcul. Ce qu'elle enseigne n'est-il pas de telle nature qu'aucun art, qu'aucune science ne peut s'en passer? — *Glaucon*. Cela est vrai. — *Socrate*. Ni l'art militaire, par conséquent? — *Glaucon*. Non, sans doute. — *Socrate*. Palamède, dans les tragédies[2], nous représente toujours Agamemnon comme un général bien ridicule. N'as-tu pas remarqué qu'il prétend, grâce aux nombres qu'il avait découverts, avoir disposé les lignes du camp devant Troie, et avoir fait le dénombrement des vaisseaux et de tout le reste, comme si tout cela n'avait pas été dénombré auparavant, et qu'Agamemnon ne sût même pas, apparemment, combien il avait de pieds, puisque, selon Palamède, il ne savait pas compter? Quel singulier général il eût été, n'est-ce pas? — *Glaucon*. Bien étrange, assurément, si la chose était vraie.

1. Nous faisons ici un commentaire plutôt qu'une traduction. Le texte porte: Τέχναι βάναυσοί που ἅπασαι ἔδοξον εἶναι, littéralement : « Les arts nous ont paru presque tous convenir aux artisans. » Il est clair que l'expression βάναυσοι emporte une idée de mépris. On sait, du reste, que dans l'antiquité les travaux manuels étaient abandonnés aux esclaves et regardés comme indignes d'un homme libre. Cicéron, dans le *de Officiis*, dit : « Illiberales et sordidi quæstus mercenariorum...; opificesque omnes in sordida arte versantur... » (L. I, chap. 42.) Ce fut le christianisme qui réhabilita le travail, en faisant peu à peu disparaître l'esclavage.

2. On croit qu'il ne s'agit point ici d'une tragédie particulière, mais que dans plusieurs tragédies les poëtes avaient prêté à Palamède le langage auquel Platon fait allusion.

VII. *Comment certaines notions sensibles, par les contradictions qu'elles renferment, provoquent l'éveil de l'intelligence.*

Socrate. Ainsi donc nous disons que c'est une science nécessaire au guerrier de savoir compter et calculer? — *Glaucon.* Indispensable, s'il veut entendre quelque chose à la disposition d'une armée, bien plus, s'il veut simplement être un homme. — *Socrate.* Maintenant, es-tu du même avis que moi sur cette science? — *Glaucon.* Quel est ton avis? — *Socrate.* Cette science pourrait bien être une de celles que nous cherchons, qui, par leur nature, élèvent l'âme à la pure intelligence; mais, bien qu'elle nous conduise à la contemplation de l'être, personne ne s'en sert comme il convient. — *Glaucon.* Que veux-tu dire? — *Socrate.* Je vais tâcher de t'expliquer ma pensée. Pendant que je distinguerai de mon côté ce qui est propre à élever l'âme où nous voulons la conduire, et ce qui ne l'est pas, examine le même objet, puis accorde ou nie, afin que nous connaissions plus clairement si la chose est telle que je le conjecture. — *Glaucon.* Voyons. — *Socrate.* Tu peux voir, si tu y regardes de près, que parmi les objets de perceptions sensibles les uns n'excitent point l'intelligence à la réflexion, parce que les sens en donnent une connaissance suffisante; les autres, au contraire, provoquent tout l'effort de l'esprit, parce que les sens n'en peuvent juger sainement. — *Glaucon.* Tu veux parler sans doute des objets qui sont vus de loin et des silhouettes dessinées? — *Socrate.* Tu n'as pas bien saisi ce que je veux dire. — *Glaucon.* De quoi veux-tu donc parler? — *Socrate.* J'entends par objets qui n'invitent pas l'intelligence à la réflexion tous ceux qui ne produisent pas simultanément deux sensations contraires; et je regarde comme invitant à la réflexion tous ceux qui font naître à la fois deux sensations opposées, lorsque le sens ne nous montre pas plus que c'est telle chose plutôt que telle autre toute contraire; que l'objet soit perçu de près ou de loin, peu importe. Voici qui te fera mieux comprendre ma pensée : tu vois ces trois doigts : le pouce, l'index et celui du milieu. — *Glaucon.* Très-bien. — *Socrate.* Suppose que j'en parle comme si nous les voyions de près. Maintenant remarque ceci. — *Glaucon.* Quoi? —

Socrate. Chacun d'eux nous paraît également un doigt, et, à cet égard, il est indifférent qu'on le voie au milieu ou à l'extrémité, qu'il paraisse blanc ou noir, gros ou fin, et ainsi du reste. En tout cela, l'âme n'est nullement obligée de demander à l'intelligence ce que c'est qu'un doigt; car jamais la vue n'a montré qu'un doigt fût en même temps un doigt et le contraire d'un doigt. — *Glaucon.* Certainement non. — *Socrate.* On a donc raison de dire qu'une telle perception n'excite ni ne réveille en rien l'intelligence. — *Glaucon.* On peut l'affirmer. — *Socrate.* Mais quant à la grandeur et à la petitesse de ces doigts, la vue en juge-t-elle suffisamment, et lui est-il indifférent que l'un d'eux soit au milieu ou à l'extrémité? Et de même pour la grosseur et la finesse, pour la mollesse et la dureté au toucher? Et les autres sens nous renseignent-ils bien exactement de toutes les choses analogues, ou plutôt n'est-ce pas ainsi que se comporte chacun d'eux? Le sens qui doit nous donner la notion de la dureté ne peut le faire qu'après nous avoir donné préalablement celle de la mollesse, et il rapporte à l'âme que c'est la même chose qu'elle perçoit comme dure et comme molle. — *Glaucon.* Cela est vrai. — *Socrate.* N'est-il pas nécessaire qu'en pareils cas l'âme soit embarrassée de ce que peut être une chose qu'une même sensation déclare dure et molle? De même pour la pesanteur et la légèreté : que peuvent-elles être, si la même sensation montre pesant ce qui est léger et léger ce qui est pesant? — *Glaucon.* Voilà certes pour l'âme d'étranges témoignages, et qui exigent un sérieux examen. — *Socrate.* C'est donc avec raison que, sur de tels sujets, l'âme, appelant à son secours l'intelligence et le raisonnement, tâche d'examiner si chacun de ces témoignages porte sur une seule chose ou sur deux. — *Glaucon.* Elle a raison, en effet. — *Socrate.* Et si elle juge que ce sont deux choses, chacune d'elles ne lui paraîtra-t-elle pas une et distincte de l'autre? — *Glaucon.* Oui. — *Socrate.* Si donc chacune d'elles lui paraît une, et l'une et l'autre deux, elle les pensera toutes les deux séparément; car des choses non séparées, elle les penserait non comme deux, mais comme une seule. — *Glaucon.* Fort bien. — *Socrate.* Or, nous avons dit que la vue perçoit la grandeur et la petitesse, non comme choses distinctes, mais comme confondues ensemble, n'est-ce pas? — *Glaucon.*

Oui. — *Socrate*. Et, pour éclaircir cette confusion, l'intelligence est forcée de considérer la grandeur et la petitesse non plus comme choses mêlées, mais comme séparées l'une de l'autre, tout au contraire de la vue. — *Glaucon*. Il est vrai. — *Socrate*. N'est-ce pas là ce qui nous a sollicités tout d'abord à nous demander ce que c'est que la grandeur et la petitesse? — *Glaucon*. Tout à fait. — *Socrate*. Et c'est ainsi que nous avons distingué ce qui est intelligible et ce qui est visible[1]. — *Glaucon*. Très-bien.

VIII. *Véritable utilité de la science des nombres. Nécessité de s'élever de la considération des nombres, tels qu'ils existent dans les objets sensibles, à la contemplation de la pure essence des nombres intelligibles.*

Socrate. Voilà ce que je voulais dire tout à l'heure, lorsque je disais que certaines perceptions sont propres à exciter la réflexion, et non les autres; et j'entendais par les premières celles qui impliquent en même temps des perceptions contraires, et par les autres, celles qui ne sont pas dans le même cas. — *Glaucon*. Je comprends maintenant, et je suis de ton avis. — *Socrate*. Le nombre et l'unité, à laquelle de ces deux espèces se rapportent-ils, selon toi? — *Glaucon*. Je ne le sais pas. — *Socrate*. Mais juges-en d'après ce que nous avons déjà dit. Si l'unité en soi est suffisamment connue par la vue ou par quelque autre sens, cette perception ne saurait nous élever à la contemplation de l'essence, comme nous le disions du doigt;

1. Platon veut dire que ces notions de mollesse et de dureté, de petitesse et de grandeur, etc., sont purement relatives, et que le même sens qui nous fait juger qu'une chose est grande par rapport à une autre plus petite nous fait juger également qu'elle est plus petite par rapport à une plus grande. Par conséquent, la même perception sensible enveloppe deux notions contraires : c'est cette contradiction que ne peut accepter la raison; elle lui donne l'éveil et la conduit à concevoir les *essences*, la grandeur en soi, la petitesse en soi, non plus confondues, mais séparées. Car, si dans l'ordre sensible les contraires semblent coexister dans le même objet, dans l'ordre des essences et du pur intelligible, ils s'excluent nécessairement. Voy. le *Phédon*, chap. I, page 65 de notre traduction.

mais si toujours cette perception est accompagnée d'une perception contraire, de sorte que l'unité ne paraisse pas plus unité que pluralité, alors il faudra un juge qui décide; l'âme se trouve nécessairement embarrassée, obligée de faire des recherches et de réveiller en elle l'intelligence, pour lui demander ce que c'est en soi que l'unité. C'est ainsi que la connaissance de l'unité est une de celles qui conduisent l'âme et la tournent vers la contemplation de l'être. — *Glaucon.* C'est là précisément ce que produit la perception de l'unité par la vue; nous voyons la même chose à la fois comme une et comme multiple à l'infini. — *Socrate.* S'il en est ainsi pour l'unité, n'en est-il pas de même de tout nombre, quel qu'il soit? — *Glaucon.* Sans doute. — *Socrate.* Mais la science du calcul et l'arithmétique ont pour objet le nombre. — *Glaucon.* Oui certes. — *Socrate.* Il est donc clair que toutes deux acheminent l'âme vers la vérité. — *Glaucon.* Tout à fait. — *Socrate.* Elles doivent donc, ce me semble, être rangées parmi les sciences que nous cherchons. En effet, le guerrier doit nécessairement les connaître, pour bien disposer une armée; le philosophe, pour sortir de la région des choses qui naissent et périssent et atteindre jusqu'à l'être véritable; autrement, il n'aura nul besoin de devenir habile en arithmétique. — *Glaucon.* Tu as raison. — *Socrate.* Il conviendrait donc, ô Glaucon, d'imposer par une loi l'étude de cette science, et de persuader en même temps à tous ceux qui doivent un jour remplir les premières charges de l'État de se livrer à la science du calcul, et de l'apprendre, non à la manière du vulgaire, mais pour s'élever, par la pure intelligence, jusqu'à la contemplation de la nature véritable des nombres, non pour vendre et acheter, comme font les marchands et les négociants, mais pour s'en servir à la guerre et faciliter à l'âme les moyens de se dégager des choses qui naissent et périssent et de se tourner vers la vérité et l'être. — *Glaucon.* Parfaitement. — *Socrate.* J'aperçois maintenant combien belle est cette science du calcul, dont nous nous entretenons, et en combien de manières elle nous est utile pour le but que nous poursuivons : pourvu qu'on l'étudie en vue de la connaissance, et non en vue du négoce. — *Glaucon.* Comment cela? — *Socrate.* C'est que, comme nous venons de le voir, elle porte énergiquement l'âme en haut et la force à raisonner sur les nombres tels qu'ils sont en eux-mêmes, sans permettre jamais que ses calculs roulent sur des nombres matériels, visibles ou palpables. Car tu sais sans doute que les habiles arithméticiens, quand on prétend diviser l'unité proprement dite, se moquent de vous, et n'y veulent pas consentir; si on la divise, ils la multiplient d'autant, de peur que l'unité ne paraisse plus unité, mais une pluralité de parties. — *Glaucon*. Tu dis très-vrai. — *Socrate*. Et si on leur demandait : Merveilleux calculateurs, de quels nombres parlez-vous? où trouvez-vous ces unités dont vous supposez l'existence, chacune égale en tout à chacune, n'ayant pas la moindre différence entre elles et n'étant point composées de parties? Que crois-tu qu'ils répondraient? — *Glaucon*. Ils répondraient, je crois, qu'ils parlent de ces nombres qui peuvent seulement être pensés, mais qu'on ne peut concevoir et saisir d'aucune autre manière. — *Socrate*. Tu vois donc bien, mon ami, que cette science nous est réellement nécessaire, puisque manifestement elle oblige l'âme à se servir de la pure intelligence pour connaître la pure vérité. — *Glaucon*. Oui, voilà bien l'effet qu'elle produit en nous. — *Socrate*. Mais quoi! n'as-tu pas remarqué de plus que ceux qui sont nés calculateurs montrent une aptitude naturelle pour toutes les sciences, et que même les esprits lents, quand ils ont été dressés et exercés au calcul, lors même qu'ils n'en retireraient aucun autre avantage, acquièrent néanmoins tous plus de pénétration qu'ils n'en avaient auparavant? — *Glaucon*. Cela est vrai. — *Socrate*. Au reste, il serait, selon moi, difficile de trouver beaucoup de sciences qui donnent plus de peine à qui les apprend et les approfondit. — *Glaucon*. Je pense comme toi. — *Socrate*. Pour toutes ces raisons, il ne faut pas négliger cette science, mais y appliquer pour les instruire les esprits les plus heureusement doués. — *Glaucon*. J'y consens.

IX. *Seconde science propre à élever l'âme à la contemplation des choses intelligibles : la géométrie. Fausse idée que se font de la géométrie la plupart de ceux qui s'en occupent.*

Socrate. Voilà donc une première science que nous adoptons : voyons maintenant si cette autre, qui lui tient de près, ne nous conviendrait pas. — *Glaucon*. Laquelle? Est-ce la géométrie que tu veux dire? — *Socrate*. Elle-même. — *Glaucon*. En tant qu'elle se rapporte aux choses de la guerre, il est évident qu'elle nous convient. Pour asseoir un camp, prendre une place, resserrer ou étendre une armée, lui faire accomplir enfin toutes les manœuvres qu'exigent la bataille ou la marche, un général, s'il est géomètre, sera bien autrement habile que s'il ne l'est pas. — *Socrate*. Mais, en vérité, pour tout cela il n'est pas besoin de beaucoup de géométrie ni de calcul. Il faut voir si la partie la plus importante et la plus élevée de cette science ne conduit pas à notre but, c'est-à-dire à rendre plus facile à l'esprit la contemplation de l'idée du bien. Or c'est là, disons-nous, que tendent toutes les sciences qui obligent l'âme à se tourner vers le lieu où est cet être, le plus heureux de tous les êtres[1], celui que l'âme doit contempler de toute manière. — *Glaucon*. Tu dis bien. — *Socrate*. Si donc la géométrie oblige l'âme à contempler l'être véritable, elle nous convient; si elle la tourne vers les choses qui passent, elle ne nous convient pas. — *Glaucon*. D'accord. — *Socrate*. Or, pour peu qu'on ait quelque connaissance de la géométrie, on ne nous contestera pas que cette science ne ressemble en rien à l'idée que nous en donnent par leurs discours ceux qui la cultivent. — *Glaucon*. Comment? — *Socrate*. En vérité leur langage est ridicule, bien qu'ils ne puissent s'exprimer autrement[2]. Ils parlent de quarrer, de prolonger, d'ajouter, et à les entendre employer ces expressions et autres semblables, on dirait qu'ils font de véritables opérations et que leurs démonstrations ne tendent qu'à la pratique. Et pourtant cette science tout entière a pour objet unique la pure connaissance. — *Glaucon*. C'est tout à fait cela. — *Socrate*. Ne devons-nous pas également accorder ceci? — *Glaucon*. Quoi? — *Socrate*. Qu'elle est la science de ce qui est tou-

1. Preuve nouvelle que le Dieu de Platon, loin d'être une pure abstraction, est le plus réel de tous les êtres.

2. Le texte porte ἀναγκαίως. Platon reconnaît que les géomètres ne peuvent guère se servir d'autres expressions que celles de quarrer, de prolonger, etc.; mais il leur reproche de matérialiser un peu trop la géométrie et de sacrifier la science à ses applications.

jours, et non de ce qui naît et périt. — *Glaucon.* On doit l'accorder sans peine; la géométrie est, en effet, la connaissance de ce qui est toujours. — *Socrate.* Par conséquent, mon cher ami, elle a la vertu d'attirer l'âme vers la vérité, et de former cet esprit philosophique qui porte ses regards vers les choses d'en haut, au lieu de les tenir fixés, comme on le fait à tort, sur les choses inférieures. — *Glaucon.* Rien n'est plus vrai. — *Socrate.* Donc, il n'est rien qu'on doive plus expressément recommander aux citoyens de notre belle république que de ne point négliger l'étude de la géométrie; elle a d'ailleurs d'autres avantages qui ne sont pas à mépriser. — *Glaucon.* Lesquels? — *Socrate.* Ceux dont tu as parlé qui concernent la guerre, et aussi toutes les sciences, de façon qu'on les comprend mieux; nous savons d'ailleurs qu'il y a une différence du tout au tout entre celui qui s'est appliqué à la géométrie et celui qui ne l'a point fait. — *Glaucon.* Différence complète, en effet. — *Socrate.* Nous ferons donc apprendre cette seconde science à nos jeunes gens. — *Glaucon.* Nous le ferons.

X. ***Troisième science conduisant l'âme à la contemplation des choses intelligibles : la géométrie à trois dimensions, ou étude des solides. — Quatrième science : l'astronomie. Idée véritable qu'il convient de s'en faire.***

Socrate. Eh bien ! es-tu d'avis qu'en troisième lieu nous prescrivions l'astronomie? — *Glaucon.* C'est mon avis; car une connaissance plus exacte des saisons, des mois, des années, est utile non-seulement pour l'agriculture et la navigation, mais encore, et tout autant, pour la conduite des armées. — *Socrate.* Tu es bien bon, en vérité ! Tu as l'air d'avoir peur qu'on ne t'accuse de prescrire des sciences inutiles[1]. Le plus précieux avantage de ces sciences, mais il n'est pas facile d'en convaincre le vulgaire; c'est qu'elles purifient et raniment en chacun un organe de l'âme flétri et comme aveuglé par les autres occupations de la vie; organe dont la conservation importe mille fois plus que celle des yeux du corps, puisque c'est par lui seul qu'on

1. Platon se moque ici avec finesse de cet *utilitarisme* grossier qui, paraît-il, existait déjà de son temps, et qui voudrait proscrire de l'enseignement toute étude n'aboutissant pas à des applications immédiates et pratiques.

voit la vérité. Ceux qui pensent comme nous applaudiront de tout cœur à tes paroles; mais ceux qui ne sont jamais entrés dans nos idées sur ce point trouveront sans doute que ce que tu dis n'a pas de sens : car ils ne voient dans ces sciences aucun autre avantage de quelque importance que celui dont tu viens de parler. Vois donc à laquelle de ces deux espèces d'hommes tu t'adresses, ou bien si ce n'est ni pour les uns ni pour les autres, mais pour toi-même avant tout, que tu parles, sans toutefois trouver mauvais que d'autres puissent en profiter. — *Glaucon.* Eh bien! oui, c'est avant tout pour moi que je préfère parler, interroger et répondre. — *Socrate.* Alors reviens en arrière, car tout à l'heure nous nous sommes trompés; nous n'avons pas pris la science qui vient immédiatement après la géométrie. — *Glaucon.* Comment avons-nous fait? — *Socrate.* Après les surfaces planes, nous avons pris les solides en révolution, avant d'avoir parlé des solides en eux-mêmes. L'ordre veut qu'après ce qui a deux dimensions nous considérions ce qui en a trois, c'est-à-dire les cubes et tout ce qui a de la profondeur. — *Glaucon.* Tu as raison; mais il me semble, Socrate, que cette science n'est pas encore découverte[1]. — *Socrate.* Cela tient à deux causes. D'abord, aucun État n'a de considération pour ce genre d'études; et comme elles sont difficiles, on s'en occupe mollement; ensuite, ceux qui s'appliquent à ces recherches auraient besoin d'un guide, sans lequel ils ne trouveront rien. Or, il n'est pas aisé d'en rencontrer un bon; et l'eût-on rencontré, que, dans l'état actuel des choses, ceux qui se livrent à ces spéculations ne lui obéiraient pas: ils sont trop présomptueux. Mais si un État tout entier honorait ces travaux et en prenait la direction, les individus se laisseraient guider par lui, et, grâce à des efforts énergiques et soutenus, ces sciences brilleraient de tout l'éclat qui leur est propre, puisque même aujourd'hui, dédaignées et entravées comme elles le sont par tout le monde, aux mains de savants qui n'en comprennent pas l'utilité véritable, malgré tout et par la seule force de

1. C'est la géométrie à trois dimensions, qui s'occupe de l'étude des solides. Cette science est aujourd'hui parfaitement constituée et fait suite à la géométrie plane, qui est l'étude des surfaces.

l'attrait qu'elles exercent, elles sont en progrès, sans qu'on doive s'étonner du développement où nous les voyons parvenues. — *Glaucon*. Il est vrai qu'elles ont un charme singulier; mais explique-moi ce que tu disais tout à l'heure. Tu plaçais d'abord la géométrie ou science des surfaces? — *Socrate*. Oui. — *Glaucon*. Puis, immédiatement après, l'astronomie; mais alors tu es revenu sur tes pas. — *Socrate*. C'est qu'en voulant aller trop vite j'ai plutôt reculé. Après la géométrie devait venir la science des solides; mais elle est dans un si misérable état, que je l'ai omise pour parler de l'astronomie, qui est la science des solides en mouvement. — *Glaucon*. Très-bien. — *Socrate*. Mettons donc l'astronomie en quatrième lieu, en supposant l'existence de cette science, aujourd'hui négligée, et qui cessera de l'être quand un État voudra s'en occuper. — *Glaucon*. Cela est vraisemblable. Mais comme tu m'as repris tout à l'heure pour avoir fait un maladroit éloge de l'astronomie, je vais la louer maintenant d'une manière conforme à tes idées. Il est, ce me semble, évident pour tout le monde qu'elle oblige l'âme à regarder en haut et qu'elle la porte des choses d'ici-bas vers celles du monde supérieur. — *Socrate*. Peut-être cela est-il évident pour tout le monde, mais non pour moi; car je n'en juge pas de même. — *Glaucon*. Comment en juges-tu? — *Socrate*. A la manière dont s'en occupent ceux qui ouvrent la route à la philosophie, c'est tout à fait en bas qu'elle nous fait regarder. —*Glaucon*. Que veux-tu dire?—*Socrate*. La belle idée que tu me parais te faire de ce qu'est la science des choses d'en haut! Qu'un homme lève la tête et contemplant les ornements variés d'un plafond y démêle quelque chose: tu dirais donc qu'il regarde des yeux de l'âme et non de ceux du corps? Mais peut-être es-tu dans le vrai, et moi dans une erreur grossière. Quant à moi, je ne puis reconnaître d'autre science qui tourne en haut le regard de l'âme que celle qui a pour objet l'être et l'invisible. Et si quelqu'un, les yeux en l'air et la bouche béante, ou les yeux baissés et la bouche close, essaye d'apprendre quelque chose de sensible, je dis qu'il ne pourra jamais rien apprendre, car les choses sensibles ne sont pas objet de science, et je soutiens que son âme ne regarde pas en haut, mais en bas, fût-il, pour apprendre, couché sur le dos, soit sur la terre, soit sur la mer.

XI. *L'astronome ne doit pas s'arrêter à l'étude du ciel visible : c'est par la raison, non par les sens, qu'il connaît l'objet véritable de la science qu'il étudie.*

Glaucon. — C'est une bonne leçon que tu me donnes là ; je l'ai méritée. Mais de quelle manière, différente de celle qui est maintenant en usage, devrait-on, selon toi, étudier l'astronomie, pour que cette étude devînt profitable dans le sens dont nous parlons ? — *Socrate.* Le voici. Ces ornements variés qui décorent les cieux doivent être considérés comme les plus beaux et les plus accomplis dans l'ordre des beautés sensibles ; mais par cela même qu'ils sont sensibles, on doit les juger très-inferieurs à cette beauté véritable que produisent la vraie vitesse et la vraie lenteur et dans leurs mouvements respectifs, et dans ceux des astres qu'elles dirigent, selon le vrai nombre et toutes les vraies figures : or ces choses ne peuvent être saisies que par l'intelligence et le raisonnement, la vue ne peut les atteindre : n'est-ce pas là ton avis ? — *Glaucon.* Tout à fait. — *Socrate.* Ainsi donc les beautés variées du ciel doivent être pour nous comme des images qui nous rendent plus facile la connaissance des beautés intelligibles, comme serait la rencontre de figures tracées avec un soin merveilleux par Dédale[1] ou par quelque autre peintre ou artiste. En les considérant, un géomètre habile jugerait sans doute que ce sont des chefs-d'œuvre d'art ; mais il croirait ridicule de les étudier sérieusement pour y découvrir la vérité des rapports d'égalité, ou de un à deux, ou de toute autre proportion. — *Glaucon.* Cela serait ridicule, en effet. — *Socrate.* Le véritable astronome ne sera-t-il pas dans les mêmes dispositions en considérant les mouvements des corps célestes ? Il pensera, sans doute, que le ciel et tout ce qu'il

1. Dédale, célèbre sculpteur grec, florissait vers 600 ans av. J. C. Ce fut lui qui, le premier, fit aux statues des yeux ouverts, qui détacha les mains du corps et sépara les jambes et les pieds : aussi disait-on que ses statues étaient animées et qu'il fallait les enchaîner pour les empêcher de s'enfuir. Les Grecs lui ont dû plusieurs découvertes, ou tout au moins des progrès remarquables dans les arts mécaniques et dans ceux du dessin.

renferme ont reçu de leur divin architecte toute la beauté qu'il est possible de donner à de telles œuvres[1]; mais quant à la mesure comparée du jour avec la nuit, de ceux-ci avec le mois, du mois avec l'année; quant aux rapports de ces diverses périodes avec les révolutions des astres, et de celles-ci entre elles, ne penses-tu pas qu'il regardera comme une absurdité de croire qu'ils soient toujours les mêmes, qu'ils ne changent jamais, puisqu'il s'agit de choses matérielles et visibles, et de chercher à saisir la vérité de ces rapports[2]. — *Glaucon.* Je le crois aussi, Socrate, d'après ce que tu viens de dire. — *Socrate.* Nous étudierons donc l'astronomie comme la géométrie; nous nous servirons des données qu'elle fournit et nous négligerons les phénomènes qui se passent dans le ciel, si nous voulons véritablement nous appliquer à l'astronomie, de manière à rendre utile la partie de notre âme naturellement capable de connaître, d'inutile qu'elle était auparavant. — *Glaucon.* Tu rends par là bien plus difficile l'étude, déjà laborieuse, de l'astronomie. — *Socrate.* Je pense que nous devons donner des prescriptions semblables pour toutes les autres sciences, si nous voulons être utiles à quelque chose comme législateurs.

1. C'est cette imperfection nécessaire de toute chose créée que Leibniz, après les scolastiques, appelle le *mal métaphysique*.

2. Platon veut dire sans doute, dans ce passage, que les phénomènes célestes, tels que la vue peut les saisir, ne représentent jamais qu'imparfaitement l'ordre conçu de toute éternité par l'intelligence divine. Selon la doctrine exposée dans le *Timée*, la matière serait animée par elle-même d'un mouvement confus et désordonné, auquel l'action de la Providence aurait fait succéder les mouvements réguliers et harmoniques que nous admirons dans l'univers. Mais la matière étant par essence étrangère à l'ordre et à l'intelligence, toujours, d'après Platon, quelque cause de perturbation subsiste dans le monde sensible; les mouvements que la vue y découvre ne sont pas absolument les *vrais*, c'est-à-dire ceux que concevrait la raison pure, abstraction faite de toute matière.

XII. *Cinquième science propre à élever l'âme vers les choses intelligibles : la musique*[1]. *Caractère purement rationnel qu'elle doit avoir. Erreur de ceux qui préfèrent l'autorité de l'oreille à celle de l'intelligence.*

Socrate. Mais as-tu encore à me rappeler quelque autre science qui convienne à notre dessein? — *Glaucon.* Aucune, pour le moment. — *Socrate.* Il me semble pourtant que le mouvement ne présente pas une seule forme, mais plusieurs. Un savant pourrait peut-être les énumérer toutes: nous en connaissons certainement deux. — *Glaucon.* Lesquelles? — *Socrate.* Outre celle que nous avons dite, il y a celle qui lui correspond. — *Glaucon.* Quelle est-elle? — *Socrate.* Comme les yeux ont été faits pour l'astronomie, de même, semble-t-il, les oreilles l'ont été pour les mouvements harmoniques; et ces deux sciences, l'astronomie et la musique, sont sœurs en quelque manière, comme disent les pythagoriciens, et comme nous l'admettons aussi, mon cher Glaucon, n'est-ce pas? — *Glaucon.* Oui. — *Socrate.* Et ainsi, comme c'est là une question importante, nous suivrons leur opinion sur ce point, et peut-être sur d'autres encore, mais nous n'en resterons pas moins fidèles à notre règle. — *Glaucon.* Quelle règle? — *Socrate.* De défendre à nos élèves toute étude en ce genre qui demeurerait imparfaite et ne tendrait pas sans cesse au but où toute notre éducation doit aboutir, comme nous le disions tout à l'heure de l'astronomie. Ne sais-tu pas qu'on fait aujourd'hui de la musique un usage aussi déplorable? On se contente de mesurer les tons et les accords sensibles; travail sans fin et sans résultat, comme celui des astronomes. — *Glaucon.* Par les dieux! nos musiciens sont en effet bien ridicules avec ce qu'ils appellent leurs nuances diatoniques, l'oreille tendue comme des gens qui cherchent à entendre ce qui se dit chez le voisin, les uns prétendant qu'ils saisissent un certain ton intermédiaire entre deux autres, et que l'intervalle qui les sépare est le plus petit qui se puisse apprécier, les autres soutenant au contraire que ce prétendu intervalle n'existe pas, mais tous préférant l'autorité de l'oreille à celle de l'intelligence. — *Socrate.* Tu parles

1. Le mot *musique* est pris ici dans le sens restreint qu'il conserve aujourd'hui, et non dans le sens indiqué à la note de la page 12. Le texte porte d'ailleurs ἁρμονία et non μουσική.

sans doute de ces intrépides musiciens qui ne laissent aucun repos aux cordes, les fatiguent, les mettent, pour ainsi dire, à la torture avec leurs chevilles. Je ne veux pas te faire une longue description des coups d'archet qu'ils donnent, de leurs emportements contre les cordes, quand elles refusent certains sons ou qu'elles en donnent qu'on ne leur demande pas. Je laisse ce tableau et je déclare que ce n'est point de ceux-là que je veux parler, mais de ceux que nous nous sommes proposé d'interroger sur l'harmonie[1] ! Ceux-ci font la même chose que les astronomes : ils cherchent des nombres dans les accords que perçoit l'oreille ; mais ils ne savent pas partir de là pour en arriver à se demander quels nombres sont harmoniques, quels autres ne le sont pas, et quelle est la cause de cette différence. — *Glaucon*. Voilà une étude vraiment merveilleuse. — *Socrate*. Certes, elle est utile à la recherche du beau et du bien ; mais si on s'y applique en vue d'autre chose, elle devient inutile. — *Glaucon*. Il y a apparence.

XIII. *Retour sur l'allégorie de la caverne. La méthode dialectique, sa nature, sa vertu.*

Socrate. Quant à moi, je pense que l'étude de toutes les sciences dont nous venons de parler, si elle portait sur leurs points de contact et sur les liens de parenté qui les unissent et déterminait les causes des rapports généraux qu'elles ont entre elles, nous servirait à atteindre le but que nous nous proposons et récompenserait nos efforts ; autrement elle ne servirait de rien. — *Glaucon*. J'en augure de même ; mais, Socrate, c'est un immense travail que celui dont tu parles. — *Socrate*. Tu veux dire, sans doute, un prélude ? Ne savons-nous pas que toutes ces études ne sont que le prélude de l'air qu'il nous faut apprendre ? Car je ne pense pas qu'à ton avis ceux qui excellent dans toutes ces sciences soient des dialecticiens ? — *Glaucon*. Non, par Jupiter ! à l'exception d'un très-petit nombre que j'ai rencontrés. — *Socrate*. Mais quoi ! ceux qui sont incapables de donner ou d'entendre la raison de chaque chose, dira-t-on qu'ils sachent rien de ce que nous

1. Les pythagoriciens.

avons reconnu qu'il fallait savoir? — *Glaucon*. Non, certes. — *Socrate*. Le voilà donc enfin, Glaucon, cet air que nous cherchions; c'est la dialectique qui l'exécute. Cette science, bien qu'elle soit toute spirituelle, peut être représentée par la faculté de la vision, qui, nous l'avons dit, s'essaye d'abord sur les animaux, puis contemple les astres, et s'élève enfin jusqu'au soleil lui-même. Pareillement, celui qui par la dialectique, sans le secours d'aucun des sens, et avec la raison toute seule, s'élève jusqu'à l'essence des choses et ne s'arrête pas avant d'avoir senti par la pure intelligence la pure essence du bien, celui-là est arrivé au sommet de l'ordre intelligible, comme celui qui voit le soleil a atteint le sommet de l'ordre visible. — *Glaucon*. C'est tout à fait cela. — *Socrate*. Eh bien! n'est-ce pas là ce que tu appelles la marche dialectique? — *Glaucon*. Oui. — *Socrate*. Rappelle-toi notre prisonnier délivré de ses chaînes et se détournant des ombres vers les figures artificielles et la clarté du feu, puis sortant de la caverne pour monter vers la lumière du soleil; là, dans l'impuissance de fixer ses yeux sur les plantes, les animaux, et de soutenir la lumière du soleil, il contemple d'abord dans les eaux leurs images divines et les ombres des êtres réels, au lieu des ombres d'objets artificiels, formées par une lumière qui elle-même n'est qu'une ombre, si on la compare au soleil. Voilà exactement ce que produit, dans le monde intellectuel, l'étude des sciences que nous avons parcourues. Elle élève ce qu'il y a de meilleur dans l'âme à la contemplation de ce qu'il y a de plus excellent dans les êtres, comme tout à l'heure le plus pénétrant des organes du corps s'élevait à la contemplation de ce qu'il y a de plus lumineux dans le monde corporel et visible. — *Glaucon*. Je te l'accorde, et pourtant ce sont choses qu'il est, selon moi, aussi difficile d'admettre que de rejeter. Mais comme, après tout, nous n'avons pas à les entendre seulement aujourd'hui et qu'il faudra y revenir plusieurs fois, posons qu'il en est comme tu dis, arrivons enfin à notre air et étudions-le avec le même soin que nous avons consacré au prélude. Dis-nous donc quelle est la nature de la dialectique, en quelles espèces elle se divise, quelles routes elle offre à l'esprit, car il est vraisemblable que ces routes conduisent à un terme où le voyageur trouve le repos et la fin de sa course. — *Socrate.* Tu ne serais pas encore capable de me suivre, mon cher Glaucon; car, pour moi, la bonne volonté ne me manquerait pas, et tu pourrais contempler, non pas l'image de l'objet dont nous parlons, mais l'objet lui-même (le bien), tel du moins qu'il m'apparaît. Qu'il m'apparaisse ou non tel qu'il est réellement, on ne peut l'affirmer; mais ce qu'on peut affirmer, c'est qu'il se manifeste à nous quelque chose de semblable : n'est-ce pas? — *Glaucon.* Oui. — *Socrate.* Et aussi que, seule, la dialectique peut le découvrir à un homme exercé dans les sciences dont nous avons parlé; qu'autrement cela est impossible. — *Glaucon.* Cela aussi, on peut l'affirmer. — *Socrate.* Voici du moins ce que personne ne nous contestera : c'est que nulle autre méthode n'essaye d'atteindre par une marche régulière l'essence de chaque chose : tous les autres arts ne s'occupent que des opinions et des passions humaines, des choses qui sont soumises aux conditions du devenir ou sont composées, ou des moyens de conserver ces mêmes choses. Quant aux autres arts, qui, comme nous l'avons dit, ont quelque relation avec l'être, la géométrie et les autres arts qui viennent à sa suite, nous voyons qu'ils ont de l'être une connaissance qui ressemble à un songe, et qu'ils ne peuvent le contempler de cette vue claire qui est celle de la veille, tant qu'ils ne feront pas un autre usage des données dont ils se servent, incapables qu'ils sont d'en rendre raison. En effet, quand on pose un principe qu'on ignore et qu'on en tire la conclusion et les propositions intermédiaires, le moyen qu'un pareil accord forme jamais une science? — *Glaucon.* Cela est impossible.

XIV. *Les quatre degrés de la connaissance : la pensée pure, la connaissance discursive, la foi, la conjecture. Leurs rapports entre eux et avec les différents degrés de l'être. Définition du dialecticien.*

Socrate. Il n'y a donc que la méthode dialectique qui procède de cette manière : elle élève les hypothèses jusqu'au principe même pour les affermir[1]; seule véritablement elle tire peu à peu l'œil de l'âme du honteux bour-

1. Platon appelle *hypothèses* des conclusions générales, obtenues par les sciences dont il a été question plus haut, mais qui ne sont par elles-mêmes ni évidentes ni nécessaires. Elles

bier où il est plongé et le porte en haut, avec le secours et le ministère des arts dont nous avons parlé. Ces arts, nous les avons plusieurs fois appelés des sciences, pour obéir à l'usage ; mais il conviendrait de leur donner un autre nom, qui exprime une clarté plus grande que celle de l'opinion, moindre que celle de la science ; plus haut quelque part nous avons employé l'expression de connaissance discursive[1]. Mais il me semble qu'il n'y a pas lieu de disputer sur les mots quand il s'agit d'examiner des choses aussi importantes que celles dont nous nous occupons. — *Glaucon.* Tu as raison. — *Socrate.* Ainsi nous jugeons à propos, comme auparavant, d'appeler *science* la première et la plus excellente partie de la connaissance ; *connaissance discursive*, la seconde ; *foi*, la troisième, et *conjecture*, la quatrième ; d'appliquer aux deux dernières le nom d'*opinion*, aux deux premières celui de *pensée pure* ; d'attribuer pour objet à l'opinion ce qui devient, à la pensée pure ce qui est véritablement : de sorte que le même rapport qui existe entre ce qui est et ce qui devient existe aussi entre la pensée pure et l'opinion, et ce que la pensée pure est à l'opinion, la science l'est à la foi, la connaissance discursive l'est à la conjecture[2]. Mais laissons là, Glau-

ne le deviennent que lorsqu'elles sont rattachées par les liens de la démonstration à un premier principe, au delà duquel il n'est plus possible de remonter.

1. Nous traduisons ainsi le mot grec διάνοια (διά, au travers, νοεῖν, penser) ; *discursif* exprime exactement la même idée. La διάνοια, c'est la connaissance obtenue par la généralisation successive de notions particulières de même nature ; c'est aussi la connaissance acquise par le raisonnement, car, dans le raisonnement, l'esprit *parcourt* les vérités exprimées par les prémisses avant d'arriver à la conclusion. La διάνοια s'oppose à la connaissance intuitive (νόησις). Voy. notre Introduction, pages XX et XXXIII.

2. Platon ne fait guère que rappeler ici les considérations qui terminent le VIe livre de la *République*. « Soit, par exemple, une ligne coupée en deux parties inégales : coupe encore en deux chacune de ces deux parties, qui représentent l'une le monde visible, l'autre le monde intelligible ; et par ces deux sections nouvelles représentant la partie claire et la partie obscure de chacun de ces mondes, tu auras pour l'une des sections du monde visible les images. J'entends par images premièrement les ombres ; ensuite les fantômes représentés

con, ces rapports, et cette double division de chacun des deux ordres, celui de la pensée pure et celui de l'opinion, pour ne pas nous engager dans des développements

dans les eaux et sur la surface des corps opaques, polis et brillants, et toutes les autres représentations du même genre. .... L'autre section te donnera les objets que ces images représentent, je veux dire les animaux, les plantes et tous les ouvrages de l'art comme de la nature.... Veux-tu qu'à cette division du monde visible soit substituée celle du vrai et du faux de cette manière : l'opinion est à la connaissance ce que l'image est à l'objet? .... Voyons à présent comment il faut diviser le monde intelligible. — *Glaucon.* Comment? — *Socrate.* En deux parts, dont l'âme n'obtient la première qu'en se servant des données du monde visible que nous venons de diviser comme d'autant d'images, en partant de certaines hypothèses, non pour remonter au principe, mais pour descendre à la conclusion ; tandis que pour obtenir la seconde elle va de l'hypothèse jusqu'au principe qui n'a besoin d'aucune hypothèse, sans faire aucun usage des images comme dans le premier cas et en procédant uniquement des idées considérées en elles-mêmes. — *Glaucon.* Je ne comprends pas bien ce que tu dis. — *Socrate.* Patience, tu le comprendras mieux après ce que je vais dire. Tu n'ignores pas, je pense, que les géomètres et les arithméticiens supposent deux sortes de nombres, l'un pair, l'autre impair, les figures, trois espèces d'angles, et ainsi du reste, selon la démonstration qu'ils cherchent; que ces hypothèses une fois établies, ils les regardent comme autant de vérités que tout le monde peut reconnaître, et n'en rendent compte ni à eux-mêmes ni aux autres ; qu'enfin, partant de ces hypothèses, ils descendent, par une chaîne non interrompue, de proposition en proposition, jusqu'à la conclusion qu'ils avaient dessein de démontrer.... Tu sais aussi qu'ils se servent de figures visibles et qu'ils raisonnent sur ces figures, quoique ce ne soit point à elles qu'ils pensent, mais à d'autres figures représentées par celles-là. Par exemple, leurs raisonnements ne portent pas sur le carré ni sur la diagonale tels qu'ils les tracent, mais sur le carré tel qu'il est en lui-même avec sa diagonale. J'en dis autant de toutes sortes de formes qu'ils représentent, soit en relief, soit par le dessin, et qui ont aussi leurs images, soit dans l'ombre, soit dans le reflet des eaux. Les géomètres les emploient comme autant d'images, et sans considérer autre chose que ces autres figures dont j'ai parlé, qu'on ne peut saisir que par la pensée.... Ces figures, j'ai dû les ranger parmi les choses intelligibles, plus longs que ceux qui ont précédé. — *Glaucon*. Je suis d'accord avec toi sur tout ce que tu as dit, autant du moins que je puis te suivre. — *Socrate*. N'appelles-tu pas dialec-

et je disais que, pour les obtenir, l'âme est contrainte de se servir d'hypothèses, non pour aller jusqu'au premier principe, car elle ne peut remonter au delà de ses hypothèses, mais elle emploie les images qui lui sont fournies par les objets terrestres et sensibles, en choisissant toutefois parmi ces images celles qui, relativement à d'autres, sont regardées et estimées comme ayant plus de netteté. — *Glaucon*. Je conçois que tu parles de ce qui se fait dans la géométrie et les autres sciences de cette nature. — *Socrate*. Conçois à présent ce que j'entends par la seconde division des choses intelligibles : ce sont celles que l'âme saisit immédiatement par la dialectique, en faisant des hypothèses, qu'elle regarde comme telles et non comme des principes, et qui lui servent de degrés et de points d'appui pour s'élever jusqu'au premier principe qui n'admet plus d'hypothèse. Elle saisit ce principe, et, s'attachant à toutes les conséquences qui en dépendent, elle descend de là jusqu'à la dernière conclusion, repoussant toute donnée sensible pour s'appuyer uniquement sur des idées pures, par lesquelles sa démonstration commence, procède et se termine. — *Glaucon*. Je comprends un peu, mais pas encore suffisamment. Il me semble que tu exposes là un point qui abonde en difficultés : tu veux, ce me semble, prouver que la connaissance qu'on acquiert par la dialectique de l'être et du monde intelligible est plus claire que celle qu'on acquiert par le moyen des arts qui ont pour principe des hypothèses, qui sont bien obligés de se servir du raisonnement et non des sens, mais qui, fondés sur des hypothèses, ne remontant pas au principe, ne te paraissent pas appartenir à l'intelligence, bien qu'ils devinssent intelligibles avec un principe ; et tu appelles, ce me semble, connaissance raisonnée (διάνοια) celle qu'on acquiert au moyen de la géométrie et des autres arts semblables, et non pas intelligence, cette connaissance étant comme intermédiaire entre l'opinion et la pure intelligence. — *Socrate*. Tu as fort bien compris ma pensée. Reprends maintenant les quatre divisions dont nous avons parlé et applique-leur ces quatre opérations de l'âme, savoir : au plus haut degré, l'intelligence pure ; au second, la connaissance raisonnée ; au troisième, la foi ; au quatrième, la conjecture : et classe-les de manière à leur attribuer plus ou moins d'évidence, selon que leurs objets participent plus ou moins à la vérité. » (L. VI, trad. Cousin, t. X, p. 58-63.) — Nous avons cru devoir reproduire ce long passage parce que nulle part ticien celui qui sait rendre raison de l'essence de chaque chose? Quant à celui qui ne peut rendre raison d'une chose ni à lui-même ni aux autres, ne dis-tu pas qu'il n'a pas l'intelligence de cette chose? — *Glaucon.* Comment pourrais-je dire qu'il l'a? — *Socrate.* Il en est donc de même du bien. Celui qui n'est pas capable de définir rationnellement l'idée du bien, en la séparant de toutes les autres, et, comme un soldat dans une mêlée, ne peut renverser tous les obstacles; qui, dans son désir de démontrer cette idée, non selon l'opinion, mais selon la réalité, ne parvient pas à s'y établir, malgré tout, par la puissance d'un raisonnement invincible : ne diras-tu pas qu'il ne connaît ni le bien tel qu'il existe en soi, ni aucun autre bien; que s'il saisit par hasard quelque fantôme de bien, c'est par l'opinion, non par la science; qu'il est pendant toute sa vie le jouet de vains rêves, comme un homme endormi, et qu'il ne se réveillera pas en ce monde avant d'aller aux enfers pour y dormir d'un sommeil parfait? — *Glaucon.* Oui, certes, par Jupiter! je dirai tout cela. — *Socrate.* Mais si un jour ces mêmes élèves, dont tu ne fais maintenant l'éducation et l'instruction qu'en paroles, tu viens à les former réellement, tu ne leur permettrais pas, je pense, de disposer souverainement des plus grands intérêts de l'État, s'ils étaient incapables de rendre raison de rien, comme ces lignes qu'on appelle irrationnelles[1]? — *Glaucon.* Non sans doute. — *Socrate.* Tu leur feras donc une loi de s'occuper particulièrement de cette étude qui doit les rendre capables d'interroger et de répondre de la manière la plus savante possible. — *Glaucon.* Oui, je le leur prescrirai d'accord avec toi. — *Socrate.* Ainsi tu penses que la dialectique est comme le faîte qui couronne toutes les autres sciences, qu'il n'en est aucune qu'on puisse raisonnablement placer au-dessus d'elle, et que c'est là qu'aboutissent nos recherches sur les sciences qu'il importe d'apprendre? — *Glaucon.* Oui.

Platon n'a exposé plus clairement sa théorie des degrés de la connaissance. Le VIIe livre tout entier n'est guère que le développement et le commentaire de ce morceau.

1. Les lignes qui ne sont pas exactement commensurables par telle autre ligne donnée sont appelées par Euclide ἄλογοι, irrationnelles, c'est-à-dire n'ayant pas leur raison dans celle-là. (Note de Cousin.)

XV. *Qualités d'esprit requises pour l'étude des sciences qui préparent à la contemplation de l'être véritable.*

Socrate. Il te reste à régler quels sont ceux à qui nous communiquerons ces sciences, et de quelle manière nous les leur enseignerons. — *Glaucon.* En effet. — *Socrate.* Tu te rappelles, quand nous avons choisi des chefs pour notre État, sur quels hommes s'est porté notre choix? — *Glaucon.* Sans doute. — *Socrate.* Pour tout le reste, sois persuadé que nous avons choisi les caractères qu'il fallait. Ce sont les plus fermes, les plus courageux, et, autant que possible, les plus beaux que nous devons choisir. De plus il nous faut chercher non-seulement de nobles et généreux caractères, mais encore des dispositions naturelles qui se prêtent à l'éducation que nous voulons leur donner. — *Glaucon.* Quelles sont au juste ces dispositions? — *Socrate.* Il leur faut, mon cher ami, la pénétration nécessaire à l'étude des sciences et la facilité à apprendre. Les âmes en effet craignent bien plus les fortes études que les plus rudes exercices de gymnastique, car ici la peine est pour elles seules; seules elles doivent la supporter, sans la partager avec le corps. — *Glaucon.* Cela est vrai. — *Socrate.* Il faut de plus chercher des hommes doués d'une bonne mémoire, d'une volonté persévérante et qui ne recule devant aucun labeur; autrement, comment crois-tu qu'ils consentiraient à allier ensemble tant d'exercices corporels, tant d'études et de méditations? — *Glaucon.* Personne ne le voudrait, à moins d'être né avec le plus heureux naturel. — *Socrate.* Le tort qu'on a aujourd'hui, et ce qui a déconsidéré la philosophie, c'est, nous l'avons dit déjà, qu'on l'étudie sans faire assez de cas de sa dignité; elle n'est point faite pour les talents bâtards, mais pour les talents légitimes et de bonne race.— *Glaucon.* Comment l'entends-tu? — *Socrate.* D'abord, celui qui veut s'y adonner ne doit pas être boiteux par rapport à l'amour du travail, c'est-à-dire être partagé entre le goût de l'étude et celui de la paresse. Or, c'est ce qui arrive lorsqu'un jeune homme passionné pour le gymnase, la chasse et tous les autres exercices du corps n'a nulle ardeur pour l'étude, fuit les leçons, les recherches scientifiques et tous les travaux de cette nature. Il est également boiteux, celui dont l'amour du travail penche du côté opposé. — *Glaucon.* Cela est très-vrai. — *Socrate.* Ne dirons-nous pas aussi qu'elle est estropiée par rapport à la vérité, l'âme qui, tout en haïssant le mensonge volontaire, y répugnant pour son compte et s'en indignant chez les autres, souffre facilement le mensonge involontaire, et lorsqu'elle est convaincue d'ignorance, ne s'irrite pas contre elle-même, mais se vautre dans l'ignorance comme le pourceau dans la fange? — *Glaucon.* Oui certes. — *Socrate.* Et par rapport à la tempérance, au courage, à la grandeur d'âme, et à toutes les autres parties de la vertu, il ne faut pas mettre moins de soin à discerner les âmes bâtardes de celles qui sont de bonne race. Faute de savoir faire un tel discernement, les particuliers et les États ne s'aperçoivent pas qu'ils donnent à tout hasard leur confiance à des âmes boiteuses et bâtardes : ceux-ci à des magistrats, ceux-là à des amis. — *Glaucon.* Oui certes, cela n'arrive que trop souvent. — *Socrate.* Nous serons donc très-attentifs à tout cela ; si nous n'appelons à des études et à des exercices d'une telle importance que des jeunes gens à qui rien ne manque ni du côté du corps ni du côté de l'esprit, la justice elle-même n'aura aucun reproche à nous faire; nous assurerons le salut de l'État et de nos institutions : mais si nous appliquons à ces travaux des sujets incapables, nous aboutirons à un résultat tout contraire, et nous jetterons plus de ridicule encore sur la philosophie. — *Glaucon.* Cela serait honteux pour nous. — *Socrate.* Sans doute; mais il me semble que c'est moi qui suis ridicule en ce moment. — *Glaucon.* En quoi donc? — *Socrate.* J'avais oublié que tout ceci n'était qu'un jeu, et j'ai parlé un peu trop vivement. C'est qu'au cours de la conversation j'ai jeté les yeux sur la philosophie, et la voyant honteusement traitée, emporté par l'indignation, et presque par la colère, je me suis laissé aller, je crois, à des paroles trop sévères contre ceux qui l'outragent. — *Glaucon.* Par Jupiter ! ce n'est pas l'avis de ton auditeur. — *Socrate.* Mais c'est celui de l'orateur. Quoi qu'il en soit, n'oublions pas que précédemment nous avions choisi des vieillards : ici, un tel choix serait déplacé; car il n'en faut pas croire Solon, quand il dit qu'un homme qui vieillit peut apprendre beaucoup de choses. Il serait plutôt capable de courir. C'est aux jeunes gens que conviennent les grands et nombreux travaux. — *Glaucon.* Nécessairement.

XVI. *Ordre dans lequel il convient de s'appliquer aux différents exercices du corps et de l'esprit. Épreuves successives auxquelles sont soumis les jeunes gens qui sont destinés au gouvernement de l'État.*

Socrate. C'est donc dès l'enfance qu'il faut appliquer nos élèves à l'arithmétique, à la géométrie et à toutes les autres sciences qui doivent servir de préparation à la dialectique. Mais notre manière d'enseigner doit être telle que nul ne soit forcé d'apprendre. — *Glaucon.* Pourquoi cela? — *Socrate.* Parce que l'homme libre ne doit rien apprendre en esclave. Les exercices du corps, même imposés par contrainte, n'en profitent pas moins au corps; quant à l'âme, les enseignements qu'elle reçoit par force n'y restent pas. — *Glaucon.* Il est vrai. — *Socrate.* — Ainsi donc, mon ami, n'use pas de violence pour élever ces enfants; qu'ils s'instruisent plutôt en jouant. Par là, tu pourras mieux discerner les dispositions naturelles de chacun. — *Glauçon.* Ce que tu dis est fort raisonnable. — *Socrate.* Te souviens-tu de ce que nous avons dit plus haut, qu'il fallait mener les enfants à la guerre sur des chevaux, leur faire voir la bataille, et, lorsqu'on le pourra sans danger, les approcher de la mêlée et les faire, pour ainsi dire, goûter au sang comme de jeunes chiens de chasse[1]? — *Glaucon.* Je

1. Platon veut que les citoyens emmènent leurs jeunes enfants à la guerre pour que ceux-ci apprennent plus vite le métier des armes et que leur présence inspire à leurs parents un courage indomptable. « *Socrate.* On fera donc assister les enfants à la guerre, en pourvoyant d'ailleurs à leur sûreté, et tout ira bien, n'est-ce pas? — *Glaucon.* Oui. — *Socrate.* Mais, dirons-nous, il y a souvent des accidents imprévus. — *Glaucon.* Oui. — *Socrate.* Hé bien! mon ami, pour y obvier, il faut, dès l'âge le plus tendre, attacher des ailes aux enfants, afin qu'ils puissent au besoin s'échapper en s'envolant. — *Glaucon.* Comment dis-tu? — *Socrate.* Je veux dire que, dès leurs premiers ans, il faut les faire monter à cheval, et, bien exercés, les conduire au combat, comme spectateurs, non sur des chevaux ardents et belliqueux, mais sur des chevaux très-légers à la course et très-dociles au frein. De cette manière, ils verront

m'en souviens. — *Socrate.* Ceux qui auront montré le plus d'habileté dans ces travaux et ces études, le plus d'ardeur dans ces dangers, il faudra les mettre dans une classe à part. — *Glaucon.* A quel âge? — *Socrate.* Lorsqu'ils auront terminé leur cours nécessaire d'exercices gymnastiques, car pendant ce temps, qui sera de deux ou trois ans, il est impossible de faire autre chose : la fatigue et le sommeil sont ennemis des sciences; et, d'ailleurs, ce n'est pas la moindre des épreuves que celle qui montrera ce que vaut chacun dans les exercices gymnastiques. — *Glaucon.* Non, certes. — *Socrate.* Après ce temps, ceux qui auront été choisis parmi nos jeunes gens, arrivés alors à l'âge de vingt ans, recevront des distinctions plus honorables que les autres; les sciences qu'ils auront jusque-là parcourues sans ordre, on devra les leur présenter dans leur ensemble, pour leur faire embrasser d'un coup d'œil les rapports que ces sciences ont entre elles et avec la nature de l'être. — *Glaucon.* C'est la seule connaissance, en effet, qui demeure solide dans les esprits où elle pénètre. — *Socrate.* C'est aussi le meilleur moyen de distinguer les esprits propres à la dialectique de ceux qui ne le sont pas. Celui qui sait se placer au point de vue général est dialecticien; les autres ne le sont pas. — *Glaucon.* Je le pense comme toi. — *Socrate.* Puis, quand tu auras discerné avec soin ceux qui présentent de telles dispositions, qui se montrent solides dans les sciences, solides à la guerre et dans les autres épreuves prescrites, lorsqu'ils auront dépassé l'âge de trente ans, tu devras, parmi ces hommes d'élite, faire un nouveau choix, et ceux qui en seront l'objet, tu leur accorderas de plus grands honneurs, et tu discerneras, par l'épreuve de la dialectique, ceux qui sans le secours des yeux et des autres sens pourront s'élever, avec l'aide de la vérité, jusqu'à l'être en soi[1]. Et c'est ici, mon cher, qu'il

très-bien ce qu'ils ont à voir; et si le danger presse, ils se sauveront plus sûrement avec leurs vieux gouverneurs. » La *République,* l. V, trad. Cousin, t. IX, p. 291.)

1. « L'âme ne réfléchit jamais mieux que lorsqu'elle n'est troublée ni par l'ouïe ni par la vue..., et que, se renfermant en elle-même, laissant là le corps et, autant que cela lui est possible, s'affranchissant de tout commerce et de toute attache

est besoin des plus grandes précautions. — *Glaucon.* Pourquoi? — *Socrate.* Ne remarques-tu pas de quel mal la dialectique est aujourd'hui travaillée? — *Glaucon.* Quel mal? — *Socrate.* Elle est pleine de désordre. — *Glaucon.* Rien de plus vrai. — *Socrate.* Mais crois-tu qu'on doive s'étonner de ce désordre, et n'excuses-tu pas ceux qui s'y abandonnent? — *Glaucon.* Pourquoi les excuser, dis-moi? — *Socrate.* Ils sont comme un enfant supposé qui, élevé dans l'opulence au sein d'une noble et puissante famille, entouré de nombreux flatteurs, s'apercevrait, devenu grand, que ceux qui se disent ses parents ne le sont pas, sans pouvoir retrouver les véritables. Te figures-tu quels sentiments l'animeraient à l'égard de ses flatteurs et de ses parents prétendus, avant de connaître la vérité sur sa situation, et après qu'il en serait instruit? Ou veux-tu savoir ce que j'augure à ce sujet? — *Glaucon.* Je le veux bien.

XVII. *Danger que présente l'étude de la dialectique pour ceux qui s'y appliquent de trop bonne heure. L'abus du raisonnement peut conduire à la négation de tout principe. Mesures à prendre pour éviter un tel malheur.*

Socrate. Je m'imagine qu'il aurait pour son père, sa mère, et ceux qu'il considère comme ses parents, plus de respect que pour ses flatteurs; qu'il aurait plus d'empressement à les secourir s'ils étaient dans le besoin; qu'il s'abstiendrait plus scrupuleusement de leur manquer, soit en paroles soit en actions; que dans les choses importantes il leur obéirait plutôt qu'à ses flatteurs, et cela pendant tout le temps qu'il ignorerait la vérité sur sa position. — *Glaucon.* Cela est vraisemblable. — *Socrate.* Mais j'imagine aussi qu'une fois instruit de ce qui en est, il témoignerait moins de respect et de zèle à ses prétendus parents, et plus à ses flatteurs; qu'il obéirait à ceux-ci plus volontiers qu'auparavant; qu'il se mettrait à régler sa vie sur la leur, à les fréquenter ouvertement, et qu'à moins d'être naturellement très-sage, il ne prendra plus le moindre souci de son père et de ses parents supposés. — *Glaucon.* C'est bien

avec lui, elle aspire vers ce qui existe véritablement. » (*Phédon,* chap. x, page 13 de notre traduction.)

ainsi que tout arriverait; mais en quoi cette description a-t-elle quelque rapport avec l'étude de la dialectique? — *Socrate.* Le voici. Il existe en nous depuis l'enfance des opinions sur le juste et l'honnête; nous avons grandi sous leur influence comme sous la tutelle d'un père et d'une mère, et nous leur témoignons obéissance et respect. — *Glaucon.* Il est vrai. — *Socrate.* Il y a également d'autres principes opposés à ceux-là; ils sont pleins de charmes et, séduisant l'âme par leurs flatteries, l'attirent à eux, mais sans parvenir à persuader ceux qui ont quelque fond de sagesse, ni à les détourner du respect et de l'obéissance qu'ils persistent à témoigner aux principes qui les ont nourris. — *Glaucon.* Tu as raison. — *Socrate.* Mais quoi? si devant un homme dans de telles dispositions se dresse cette question : Qu'est-ce que l'honnête? Que l'âme réponde ce qu'elle a appris du législateur, et que le questionneur la réfute, et, à force de la confondre de toutes manières, l'amène enfin à croire que l'honnête n'est pas plutôt honnête que malhonnête; qu'il en fasse de même pour le juste, le bien et les autres principes qu'elle respectait le plus, que fera-t-elle? et que penses-tu que deviendront l'obéissance et la vénération qu'elle témoignait à ces principes? — *Glaucon.* Nécessairement elles ne seront plus les mêmes qu'auparavant. — *Socrate.* Ayant donc cessé de les croire dignes de respect et de tendresse filiale, sans cependant trouver les vrais principes, quel genre de vie pourra-t-elle suivre, sinon celui qui la flatte? — *Glaucon.* Elle n'en suivra pas d'autre. — *Socrate.* Elle paraîtra donc, n'est-ce pas, être tombée d'une vie réglée dans le désordre? — *Glaucon.* Nécessairement. — *Socrate.* On ne doit donc pas s'étonner de ce qui arrive à ceux qui s'occupent de dialectique, et, comme je le disais tout à l'heure, ils méritent tout pardon. — *Glaucon.* Et toute pitié. — *Socrate.* Et pour que cette pitié n'ait point à s'adresser à nos hommes de trente ans, ne faut-il pas user de toutes sortes de précautions en les appliquant à la dialectique? — *Glaucon.* Oui, sans doute. — *Socrate.* N'est-ce point une première précaution très-efficace de ne point les laisser goûter trop jeunes à la dialectique? Car tu n'ignores pas, je pense, que les petits jeunes gens, quand ils commencent à goûter du raisonnement, en font un jeu et en abusent pour contredire tout le monde, et prenant pour modèles les réfutateurs à outrance, ils se mettent à réfuter les autres, et, comme de jeunes chiens, s'amusent à tirailler et à déchirer par le raisonnement tous ceux qui approchent. — *Glaucon.* C'est tout à fait cela. — *Socrate.* Après avoir réfuté ceux-ci, avoir été réfutés par ceux-là, ils en arrivent bientôt à ne plus rien croire absolument de ce qu'ils croyaient auparavant, et c'est ainsi qu'eux-mêmes et la philosophie en général deviennent l'objet d'un mépris universel. — *Glaucon.* Cela est très-vrai. — *Socrate.* Mais un homme plus âgé ne voudra pas tomber dans une pareille manie. Il prendra pour modèle celui qui raisonne et réfléchit en vue de la vérité, plutôt que celui qui s'amuse à discuter et à contredire. Sa modération relèvera en même temps les études philosophiques du discrédit où elles sont tombées. — *Glaucon.* Tu as raison. — *Socrate.* N'est-ce pas par une précaution analogue que nous avons décidé plus haut de n'admettre à l'étude de la dialectique que des esprits naturellement sérieux et solides, et non pas, comme il arrive aujourd'hui, les premiers venus et les moins doués pour ce genre d'occupations? — *Glaucon.* C'est très-vrai.

XVIII. *Dernières épreuves imposées à ceux qui doivent gouverner l'État. Moyens les plus propres à réaliser la République idéale de Platon.*

Socrate. Suffira-t-il d'appliquer nos élèves à l'étude constante, opiniâtre, exclusive, de la dialectique, en sorte que leur esprit s'exerce à son tour autant que leur corps, pendant un nombre d'années double de celui qu'on aura consacré à la gymnastique? — *Glaucon.* Veux-tu parler de six ans ou de quatre? — *Socrate.* A peu près. Mets-en cinq. Après ce temps, tu devras les ramener dans notre caverne, et les obliger à présider aux affaires militaires, et à toutes celles dont la direction appartient aux jeunes gens, afin que pour l'expérience même ils ne soient point inférieurs aux autres. Ce sera pour eux une nouvelle épreuve; on verra si, au milieu des tiraillements en sens contraire, ils demeurent fermes, ou s'ils faiblissent. — *Glaucon.* Quelle durée fixes-tu à cet apprentissage? — *Socrate.* Quinze ans. Arrivés à l'âge de cinquante ans, tous ceux qui auront subi à leur honneur toutes ces épreuves, et se seront distingués à la fois dans la pratique des affaires et dans les sciences, devront être conduits au terme et obligés de diriger en haut le regard de l'âme et de le fixer sur l'être qui éclaire toutes choses[1]. Ils contempleront le bien en soi, et à tour de rôle, jusqu'à la fin de leurs jours, façonneront sur ce divin modèle l'État et les particuliers, sans se négliger eux-mêmes. Le plus souvent, ils s'occuperont de la philosophie; mais quand leur tour viendra, ils accepteront le lourd fardeau des affaires publiques, et prendront le gouvernement dans l'intérêt de la cité, non par ambition, mais par devoir. Puis, après avoir formé des élèves qui leur ressemblent, et les avoir laissés comme gardiens de l'État, ils s'en iront habiter les îles fortunées[2]. On leur élèvera des monuments; on leur offrira des sacrifices aux frais de l'État, si la Pythie le permet, comme à des demi-dieux, ou du moins, comme à des bienheureux et à des hommes divins. — *Glaucon.* Voilà de merveilleux hommes politiques, Socrate, que tu viens de façonner, comme un statuaire! — *Socrate.* Dis aussi femmes politiques, Glaucon. Car ne crois pas que ce que j'ai dit s'applique plus aux hommes qu'aux femmes, à celles du moins qui auraient reçu de la nature les dispositions convenables[3]. — *Glaucon.* Et tu as raison, s'il est vrai, comme nous l'avons dit, que tout doit être commun entre les deux sexes. — *Socrate.* Eh bien! nous accordez-

1. Ainsi les chefs de l'État devront être âgés d'au moins cinquante ans. Cousin observe avec raison que Platon a voulu imiter la constitution de Lacédémone, où le gouvernement appartenait aux vieillards; seulement, Platon impose en plus aux hommes politiques l'obligation d'être philosophes.

2. C'est le séjour des bienheureux, selon Platon.

3. C'est au commencement du livre V que Platon a essayé d'établir ce paradoxe. Il pose en principe que les aptitudes de la femme sont en tout les mêmes que celles de l'homme, bien qu'elle lui soit généralement inférieure. Il en conclut que la femme doit remplir dans l'État les mêmes fonctions que l'homme, être comme lui soumise aux exercices militaires, faire la guerre, recevoir l'éducation philosophique, et, si elle en est digne, gouverner la cité. C'est par le désir d'établir dans sa République l'unité, condition essentielle, selon lui, de vertu et de bonheur, que Platon a été conduit à cette étrange et insoutenable théorie.

vous maintenant, que notre cité et notre gouvernement ne sont pas l'objet d'un vœu absolument chimérique; qu'ils sont difficiles, mais non impossibles à réaliser, et qu'ils ne pourront exister, comme nous l'avons dit, que si un ou plusieurs vrais philosophes, devenus les maîtres de l'État, mais dédaignant les honneurs qu'on recherche aujourd'hui, comme choses serviles et de nul prix, estimant par-dessus tout la vertu et les honneurs qu'elle donne, regardant la justice comme la chose la plus importante et la plus nécessaire, attentifs à la servir et à l'accroître, s'appliquent à établir le bon ordre dans leur cité? — *Glaucon*. Comment s'y prendront-ils? — *Socrate*. Tous ceux qui auront dépassé dix ans, ils les enverront à la campagne, et ayant recueilli les enfants de ceux-ci, pour les préserver des mœurs actuelles, qui sont aussi celles de leurs parents, ils les élèveront dans leurs propres mœurs et conformément à leurs propres lois, qui sont celles que nous avons exposées. N'est-ce pas ainsi que s'établiront le plus vite et le plus facilement la cité et le gouvernement que nous avons décrits, et qui ne peuvent manquer d'être heureux par eux-mêmes et de combler de bienfaits le peuple au milieu duquel ils seront constitués? — *Glaucon*. Oui certes; et si jamais une telle cité peut exister, tu me parais, Socrate, avoir parfaitement trouvé le moyen de la fonder.—*Socrate*. N'en avons-nous pas assez dit sur cette cité, et sur l'homme qui lui ressemble? Ce que doit être cet homme, nous pouvons maintenant le dire : on le voit clairement.— *Glaucon*. Oui, clairement, et il me paraît que nous sommes au bout de la question que tu avais posée.

TABLE DES CHAPITRES.

I. Allégorie de la Caverne. Illusions des prisonniers qui prennent des ombres pour des réalités. 1

II. Suite de l'allégorie. L'un des prisonniers est délivré et traîné de force au grand jour. Impressions qu'il reçoit de la vue des objets et de la lumière. 2

III. Explication de l'Allégorie de la Caverne. Comparaison de l'idée du bien avec le soleil visible. 4

IV. Éducation des futurs magistrats. Nécessité de détacher leur âme des choses sensibles, et de la tourner vers la contemplation des choses intelligibles et des essences. 7

V. Le législateur peut, dans l'intérêt général, contraindre les philosophes à prendre en main le gouvernement de l'État. Une Cité ne peut être bien gouvernée que si le pouvoir est confié à ceux qui ne le recherchent pas. 9

VI. Théorie des idées. Méthode pour tourner l'âme vers les choses intelligibles. L'arithmétique est la première des sciences qui peuvent conduire à ce résultat. 11

VII. Comment certaines notions sensibles, par les contradictions qu'elles renferment, provoquent l'éveil de l'intelligence. 14

VIII. Véritable utilité de la science des nombres. Nécessité de s'élever de la considération des nombres, tels qu'ils existent dans les objets sensibles, à la contemplation de la pure essence des nombres intelligibles. 16

IX. Seconde science propre à élever l'âme à la contemplation des choses intelligibles : la géométrie. Fausse idée que se font de la géométrie la plupart de ceux qui s'en occupent. 19

X. Troisième science : la géométrie à trois dimensions, ou étude des solides. Quatrième science : l'astronomie. Idée véritable qu'il convient de s'en faire. 20

XI. L'astronome ne doit pas s'arrêter à l'étude du ciel visible : c'est par la raison, non par les sens, qu'il connaît l'objet véritable de la science qu'il étudie. 23

XII. Cinquième science propre à élever l'âme vers les choses intelligibles : la musique. Caractère purement rationnel qu'elle doit avoir. Erreur de ceux qui préfèrent l'autorité de l'oreille à celle de l'intelligence. 25

XIII. Retour sur l'allégorie de la caverne. La méthode dialectique. Sa nature; sa vertu. 26

XIV. Les quatre degrés de la connaissance : la pensée pure, la connaissance discursive, la foi, la conjecture. Leurs rapports entre eux et avec les différents degrés de l'être. Définition du dialecticien. 28

XV. Qualités d'esprit requises pour l'étude des sciences qui préparent à la contemplation de l'être véritable. 33

XVI. Ordre dans lequel il convient de s'appliquer aux différents exercices du corps et de l'esprit. Épreuves successives auxquelles sont soumis les jeunes gens qui sont destinés au gouvernement de l'État. 35

XVII. Danger que présente l'étude de la dialectique pour ceux qui s'y appliquent de trop bonne heure. L'abus du raisonnement peut conduire à la négation de tout principe. Mesures à prendre pour éviter un tel malheur. 37

XVIII. Dernières épreuves imposées à ceux qui doivent gouverner l'État. Moyens les plus propres à réaliser la République idéale de Platon. 39

www.ingramcontent.com/pod-product-compliance
Ingram Content Group UK Ltd.
Pitfield, Milton Keynes, MK11 3LW, UK
UKHW031930260826
14628UKWH00004B/1527

9 782019 690113